VIE

DE

LOUIS MELLIER

PRÊTRE DE LA CONGRÉGATION DE LA MISSION

(1813-1879)

PARIS

IMPRIMERIE DE LA SOCIÉTÉ DE TYPOGRAPHIE

J. MERSCH, DIRECTEUR

8, RUE CAMPAGNE-PREMIÈRE, 8

—

1881

NOTICE

SUR

M. LOUIS MELLIER

PRÊTRE DE LA CONGRÉGATION DE LA MISSION

(1813-1879)

PARIS

IMPRIMERIE DE LA SOCIÉTÉ DE TYPOGRAPHIE

J. MERSCH, DIRECTEUR

8, RUE CAMPAGNE-PREMIÈRE, 8

—

1881

NOTICE

SUR

M. LOUIS MELLIER

PRÊTRE DE LA CONGRÉGATION DE LA MISSION

(1813–1879)

I

NAISSANCE DE M. MELLIER. — SES PREMIÈRES
ANNÉES. — SA PREMIÈRE COMMUNION. — PETIT
ET GRAND SÉMINAIRE. — SON ORDINATION.

Né à Orléans, le 30 octobre 1813, et baptisé le
jour de la Toussaint dans l'église de Sainte-Croix,
M. Jean-Louis Mellier eut pour père un homme
dont l'honnête aisance était relevée par la pratique
hautement affirmée des vertus chrétiennes et par
l'estime générale qui l'entourait. A la tête d'un
important atelier de menuiserie, habile et désintéressé à la fois, M. Mellier aimait à mettre son
talent au service des églises, non dans un esprit

de spéculation vulgaire, mais avec des convictions qu'il tenait de sa famille.

Nous en citerons un trait digne de figurer ici ; les belles actions d'un père ne sont pas un hors-d'œuvre dans une notice consacrée à son fils. Un jour qu'on avait cherché en vain un ouvrier de cœur pour fixer une croix au sommet d'une flèche aérienne (1), M. Mellier accepta cette périlleuse tâche ; mais avant de commencer l'œuvre il voulut, en vrai chrétien, recevoir le Pain des forts, et opéra l'entreprise à la satisfaction de tous. Vinrent les jours mauvais, où la croix devait céder sa place au drapeau de la révolution (2). La même difficulté fit reculer les hommes de l'émeute. On essaye d'acheter la coopération du courageux ouvrier à qui la tour sacrée devait sa couronne ; mais la conscience de M. Mellier était de celles qui ne se vendent pas, il refusa nettement.

Digne épouse de l'artisan chrétien, Marguerite Chardon fut la mère de notre regretté confrère et de deux petites filles qui ne jouirent pas longtemps de sa maternelle tendresse. Ludovic, ainsi nommé dans son enfance, à cause de son père qui s'appelait également Louis, Ludovic n'avait que trois ans, quand il vit le cercueil maternel franchir le seuil de la maison, et toujours il garda ineffaçable l'impression que lui fit cette douloureuse perte. Bientôt la mort vint lui ravir ses jeunes sœurs ; un

1. La flèche de l'église Sainte-Croix d'Orléans.
2. La révolution de 1830.

grand vide se fit dans cette âme éminemment sensible. Ceux qui vivront à ses côtés l'entendront plus tard, au milieu de ses sollicitudes pastorales, raconter avec émotion cette première phase de sa vie, si promptement visitée par le deuil, brisée par les séparations.

Il fallait une seconde mère au petit orphelin. Ludovic eut le bonheur de la trouver dans la nouvelle compagne que son père crut devoir se donner dans la personne d'Olympe Deroin, femme pieuse et dévouée, qui sut comprendre le rôle auquel la Providence l'appelait. Un fils naquit de cette union. On le nomma Casimir, en mémoire du frère de M. Mellier père, jeune prêtre plein d'avenir, enlevé au début d'un ministère qui s'ouvrait avec distinction. Prêtre aimable et esprit sérieux, doué de remarquables aptitudes pour la chaire et pour la direction des âmes, l'abbé Casimir Mellier, en s'éteignant entre les bras de son frère, sembla l'instituer dépositaire de toutes ses qualités sacerdotales, pour les transmettre à ses enfants.

L'héritier qu'on lui désignait mourut bientôt, et le jeune Louis resta seul dans cette maison si éprouvée, pour recueillir l'héritage de ses vertus, comme il allait concentrer en lui toutes les affections de la famille. Mme Mellier n'eut pas de peine à reporter sur cette précieuse existence tout l'amour qu'elle avait voué à son propre enfant. Ludovic avait gagné son cœur, dès son entrée dans la famille, par la vivacité de son esprit et par la douceur de son caractère. Devenue mère pour trop peu de temps, elle se plut à unir dans les mêmes tendresses le fils adoptif avec le fruit de ses entrailles; elle avouait dans la suite que, si le Ciel l'avait consultée, avant de lui imposer un sacrifice, elle aurait hésité dans le choix de la victime à immoler au bon plaisir de Dieu.

Comme la plupart des enfants prédestinés au service des autels, Ludovic manifesta dès ses premières années une vive inclination pour le sacerdoce. Dresser de petits autels, confectionner des ornements, s'exercer aux cérémonies du culte, c'étaient là ses jeux favoris, ses innocentes récréations. D'ailleurs, les relations fréquentes de son père avec le clergé ne faisaient qu'entretenir ce mouvement venu de l'Auteur de tout bien. Néanmoins, M. Mellier ne visait pas tout d'abord à ce but. Frappé des dispositions naissantes de son fils pour la musique, musicien lui-même en un temps où cet art était moins vulgarisé que de nos jours, ce bon père bornait son ambition à le voir un jour organiste renommé dans sa ville natale. Plus d'un paroissien de Sainte-Croix dut partager cet espoir, lors surtout qu'à peine âgé de 13 ans, l'organiste faisant défaut dans une grande solennité, Ludovic s'empara du clavier et fit résonner la basilique des plus suaves mélodies. Saluons l'aurore de ce talent qui débute par l'harmonie et jettera ses plus grandes clartés du haut de la chaire chrétienne ! « *Requirentes modos musicos... et*

virtute prudentiæ populis sanctissima verba. »
(Eccli. 44.)

Pieux autant qu'intelligent, Ludovic se prépara comme il convenait à l'enfant d'une famille chrétienne, au grand jour de sa première communion. Ce fut le 18 mai 1826 qu'il eut le bonheur de s'asseoir à la table des anges. Ce bonheur, il le comprit mieux qu'on ne le fait d'ordinaire à son âge, et la reconnaissance lui suggéra des résolutions dont le souvenir lui resta présent jusqu'à la fin de sa vie. Il les avait même fixées par écrit, les portait habituellement sur lui, témoins aimés des jours d'innocence, et se plaisait à les montrer aux jeunes âmes qu'il disposait à l'Eucharistie, pour leur apprendre à bien profiter de cette journée toute céleste dont on ne retrouve pas la pareille sur la terre d'exil.

Le lendemain de sa première communion, Ludovic recevait la confirmation, nouveau bienfait de la bonté divine qui passe si souvent inaperçu, et dont l'enfant béni conserva un impérissable souvenir. Ces chères dates du 18 et du 19 mai, il les associera plus tard à celles du 28 et du 20 de ce beau mois de Marie, marquées par son ordination du sous-diaconat et de la prêtrise. Tous les ans il en fêtera le retour, comme lui rappelant des événements mémorables, et sur le soir de sa vie, nous le verrons écrire à une Fille de la Charité, autrefois son élève au catéchisme de Sainte-Croix : « En célébrant le précieux anniversaire de ma première communion, de ma confirmation, de mon sous-diaconat et de ma prêtrise, que le mois de mai me ramène, je n'oublie pas les âmes que Dieu me donna à conduire au festin de l'Eucharistie. »

Cependant je jeune Mellier fut de bonne heure appliqué aux études classiques, dans lesquelles il a constamment fait éclater la supériorité des talents dont le Ciel l'avait si richement doué. Ses premiers cours se firent dans la pension Chaveveau, surcursale du collège royal. Ce milieu, plus chrétien pourtant qu'il n'est aujourd'hui, convenait mal à l'âme simple et candide de Ludovic. Le petit séminaire était l'objet de ses désirs ; il eut la joie d'y entrer en octobre 1826. Nous ne le suivrons pas dans cette carrière brillante, où le travail et l'application, non moins que les dispositions naturelles, lui valurent les plus beaux succès. Ce qu'on remarquait le plus dans l'écolier, c'était un rare bon sens qui visait principalement à l'instruction solide ; germe fécond qui va se développer avec la marche des années et formera jusqu'à la vieillesse l'apanage distinctif de M. Mellier. En même temps grandira dans le jeune étudiant une prodigieuse aptitude à parler en public, aptitude qu'on admirera dans le prêtre et qui fera du missionnaire un si puissant instrument entre les mains de Dieu. Il préludait à son avenir, dès le temps de ses études grammaticales. Nul autre ne réussissait mieux que lui dans les petites comédies de fin d'année, comme dans les compositions littéraires. A sa plume intelligente et déliée le séminaire d'Orléans doit une foule d'intéressants dialogues, conservés dans le répertoire des distributions de prix. Au grand séminaire, il brillera encore par son aplomb magistral, dans les sermons débités au bruit des assiettes. On devine ce que sera le catéchiste ou le prédicateur devant une assemblée recueillie et nombreuse. Ceux qui ont eu le bonheur de l'entendre n'oublieront jamais cette parole facile et colorée autant que simple et pittoresque qui faisait dire aux auditeurs suspendus à ses lèvres : Il a déjà fini !...

Mais les succès de l'intelligence ne sont pas le trait le plus saillant de la jeunesse de M. Mellier. L'élu du sanctuaire va s'affirmer en caractères plus en rapport avec sa vocation. Un premier acte plein do foi marque son entrée dans la cléricature. Après la révolution de Juillet, les jeunes têtes étaient ou échauffées par les idées du jour ou en proie à des appréhensions faciles à comprendre, sous la menace d'une nouvelle terreur. Plusieurs séminaristes quittèrent leurs études théologiques pour chercher un avenir moins périlleux. Louis Mellier resta ferme, et pour mieux accentuer ses convictions, il demanda la tonsure, en même temps que par sa fermeté chrétienne son père tenait en échec les ennemis de la croix.

Après l'acte de foi va venir la pratique du dévouement, et du dévouement quotidien. On raconte que le jeune clerc se fit joyeusement l'infirmier de ses condisciples, auxquels il consacrait la plus grande partie de ses récréations ; sacrifice bien agréable à Dieu qui aime l'immolation, et fructueux en résultats dont le prêtre recueillera plus tard les précieux avantages. C'est en effet au chevet de ses amis souffrants que M. Mellier se formera à une science nouvelle ; le futur médecin des âmes se fera à l'occasion médecin des corps, à tel point que le docteur de la maison recourut plus d'une fois à sa jeune expérience, et, dans les cas difficiles, n'hésita pas à s'inspirer du bon sens du charitable infirmier. Ainsi se préparait-il un sauf-conduit pour les occasions trop fréquentes où prêtre, et le crucifix à la main, il pourrait être écarté par une famille incroyante ; grâce au bagage médical qui l'accompagne, il pourra pénétrer auprès des malades et sauver de pauvres âmes que l'indifférence allait précipiter entre les mains du démon.

Par l'intérêt qu'inspiraient à notre séminariste les infirmités du corps, on peut juger du zèle qui l'animait pour les faiblesses spirituelles. Sa bonté naturelle lui ouvrant les cœurs de ses amis, comme ses talents s'imposaient à leur estime, il résultait de là une véritable influence que M. Mellier n'avait garde de négliger. Ange de bon conseil, il se plaisait à combattre les hésitations, à encourager les volontés chancelantes ; la parole d'un condisciple estimé a souvent, sur l'aspirant au sacerdoce, une autorité presque aussi décisive que celle des supérieurs. Un prêtre, son contemporain et son fidèle ami, assurait qu'il lui était redevable de sa détermination suprême, à la veille du sous-diaconat. Le

bréviaire, l'engagement solennel lui faisaient peur;
le ton affirmatif de M. Mellier triompha de son
indécision : « J'ai eu ces appréhensions comme toi,
disait-il au futur ordinand ; mais depuis que je suis
sous-diacre, le bréviaire est pour moi la plus douce
des jouissances. Je n'ai jamais été aussi heureux
que depuis le jour où je me suis lié ! » Ce mot termina la lutte ; le séminariste avança sans plus
hésiter.

Il y avait donc en M. Mellier tous les éléments
que l'Église peut désirer d'un de ses lévites. L'intelligence, le cœur, la force de la volonté, le caractère,
rien ne manquait à l'élu de Dieu. La seule difficulté
qui pût le retarder, celle de l'âge, fut levée par
Mgr Morlot, qui avait su discerner les belles qualités de notre séminariste, et, le 20 mai 1837, ce
saint prélat l'ordonnait prêtre dans la cathédrale
de Sainte-Croix.

II

MINISTÈRES DIVERS DE M. MELLIER. — VICARIAT
DE MONTARGIS. — CURE DE SAINT-BRISSON. —
VICARIAT DE SAINTE-CROIX. — CURE DE PITHI-
VIERS.

Cette partie de notre récit fera peut-être à nos
lecteurs l'effet d'un chapitre vulgaire, où M. Mellier
figurerait absolument comme tout autre bon prêtre,
sans accuser aucun cachet spécial. Disons vite que,

s'il y a similitude dans les œuvres et les procédés, le ministère pastoral de notre cher confrère porte un cachet particulier de distinction et de vertu, dont l'impression est demeurée vivante, longtemps après son passage sur les divers théâtres où il s'est montré, au point de créer une position difficile à ses successeurs, même les mieux doués.

Une autre circonstance à noter dans cette vie, c'est le sceau divin de la croix qui la consacre d'un bout à l'autre, comme on le voit chez presque tous les serviteurs de Dieu. M. Mellier était évidemment destiné à fournir une brillante carrière. Un peu moins d'esprit surnaturel dans ses vues, un peu plus de liberté donnée à ses admirateurs et à ses amis, et les honneurs de l'Église venaient le saluer (1). Dieu lui a fait la meilleure part. A travers les voies qu'il a parcourues en prêtre d'élite, de cruelles épines qui naissent sous ses pieds n'ont cessé de lui rappeler la voie sanglante du Calvaire. Loin de les écarter, le bon prêtre les a acceptées généreusement. La croix qu'il se plaisait à mettre en tête de ses moindres écrits, en mémoire de la chère basilique (2) qui fut témoin de toutes ses joies, elle était aussi le témoignage de son union intime avec Jésus souffrant, par l'acceptation des

1. Plusieurs avances furent faites à M. Mellier à propos de l'épiscopat. Il les déclina toujours d'une manière très formelle: et c'était pour éviter cet honneur qu'il hâta son entrée dans la Congrégation.
2. Basilique Sainte-Croix d'Orléans.

souffrances qui ont fait de son âme, et plus tard de son corps, une copie fidèle de l'Homme de douleurs. Ces observations nous ont paru bonnes pour attacher un charme d'édification au récit que nous reprenons.

A peine ordonné prêtre, M. Mellier fut nommé vicaire de Montargis, et à ce titre chargé de la petite paroisse de Villemendeur, dépourvue de titulaire. Il y montra tout de suite le zèle dont il était dévoré pour le temple matériel, dont le délabrement faisait mal à voir, mais surtout pour les temples vivants, les enfants en particulier, qu'il prépara à la première communion avec une sollicitude incomparable.

Devenu premier vicaire, deux ans après, il est chargé, comme tel, de l'aumônerie de l'hospice ; mais déjà remarqué par toute la population, que charmait sa parole et que remuait son activité, il a conquis toute l'influence d'un vrai pasteur et la fait servir habilement au plus grand bien des âmes. Un cours suivi d'instructions qu'il inaugura dans la chapelle de l'hospice ; plusieurs retraites données aux personnes pieuses de la paroisse, avec un succès toujours croissant, formèrent à Montargis le noyau de dévotion solide qu'on y trouve encore aujourd'hui.

L'aumônerie de l'hôpital mettait le jeune vicaire en rapport avec les sœurs de la Sagesse qui en avaient la direction, ce qui donna lieu à une anecdote assez piquante pour trouver place ici.

M. Mellier s'était rendu à Paris pour y faire sa retraite. Descendu chez les sœurs de la Sagesse, où l'appelaient quelques commissions, il apprend que toutes les sœurs de la maison et nombre d'autres arrivées pour la retraite annuelle sont dans la désolation. Un Père jésuite attendu pour cette prédication vient d'écrire pour se faire excuser. « Mais, ma bonne sœur, dit notre abbé à la supérieure, qui ne le connaissait pas, si mes services pouvaient vous être agréables, je vous les offre volontiers. — Je vous suis bien reconnaissant, Monsieur, mais la chose est impossible ; c'est un Père jésuite que nous attendons, c'est un Père jésuite qu'il nous faut ; mes compagnes n'en voudraient pas d'autre. — Eh bien, ma chère sœur, vous avez devant vous le Père de Mongistar ! (anagramme de Montargis). — Oh ! quel bonheur, mon révérend Père ! j'accepte de grand cœur, en mon nom et en celui de mes compagnes qui seront très heureuses de vous avoir. »

La retraite, cela va sans dire, se fit avec un entrain merveilleux. Pendant les huit jours que durèrent les exercices, toutes les sœurs étaient charmées. « Jamais, disaient-elles dans leur ravissement, nous n'avons eu une si bonne retraite ! Il n'y a qu'un Père jésuite qui puisse parler ainsi!... » L'enthousiasme redoubla, quand au moment des adieux le prédicateur, écartant le pseudonyme, se déclara simple vicaire et aumônier des sœurs de Montargis.

Notre jésuite d'emprunt ne serait pas longtemps resté à l'humble poste de vicaire, si Mgr Morlot n'eût été appelé à l'archevêché de Tours. Ce prélat ne perdait pas de vue le jeune prêtre, qu'il appréciait de plus en plus. Il lui fit même, en quittant le diocèse, les offres les plus flatteuses que sa modestie sut décliner. L'estime qu'il en avait conçue ne fit que grandir, et l'archevêque, devenu cardinal en 1853, l'exprima hautement, lors de la réception de la barrette. Il le choisit, ainsi que M. Étienne, Supérieur de la Congrégation de la Mission, pour prendre place au déjeuner impérial qui suivit la cérémonie.

A l'arrivée de Mgr Fayet, M. Mellier sortit de Montargis, mais non par la porte des honneurs. Nous avons dit que la croix l'avait partout accompagné. Par un revirement qu'on ne s'explique pas, il dut échanger son titre contre la modeste succursale de Saint-Brisson. Humainement parlant c'était une disgrâce ; dans les desseins de Dieu, une mine de mérites à exploiter. Le digne prêtre n'y manqua pas. Pendant les deux ans qu'il fut curé de Saint-Brisson, il fit ce que d'autres eussent à peine commencé, après un séjour considérable. Son premier sermon lui avait conquis tous les cœurs. Jamais, disaient ses paroissiens, on n'avait entendu un prédicateur aussi brillant. Ah ! il a trop de talent, disaient les plus avisés ; et il est bien à craindre que la paroisse n'en jouisse pas longtemps.

Ces braves gens disaient vrai. Le peu de temps

qu'ils eurent le bonheur de l'avoir pour pasteur, M. Mellier dut se prêter comme orateur à toutes les solennités des alentours, où il était invité à porter la parole. La ville épiscopale voulut avoir sa part. Un panégyrique de sainte Thérèse qu'il y prononça en 1845, prit les proportions d'un événement, tant il émerveilla ses auditeurs par ses accents pieux et convaincus. L'autorité diocésaine ne voulut pas laisser ce trésor enfoui. Vers la Noël de cette année, M. Mellier était nommé vicaire de la cathédrale ; le camail de chanoine honoraire compléta peu après cette première faveur.

Telle était la position de M. Mellier, lorsque, en 1849, Mgr Dupanloup vint occuper le siège d'Orléans. D'un coup d'œil, il a deviné le parti qu'il pourrait tirer du vicaire de Sainte-Croix, pour l'inauguration qu'il projetait du catéchisme de persévérance sur le modèle de ceux qu'il avait dirigés à Paris. L'attente du prélat ne fut pas déçue. Les catéchismes étaient certainement l'œuvre de prédilection de M. Mellier ; parce que, avec moins d'éclat que dans la grande prédication, il y trouvait moyen de faire pénétrer la solide instruction dans l'âme de la jeunesse. Qui dira l'ardeur avec laquelle il inaugura le ministère qui lui était confié ! Un de ses confrères, désigné comme son auxiliaire, exprime avec admiration la reconnaissance qu'il lui doit pour l'avoir si bien initié au grand art d'insinuer l'amour de la religion dans ces jeunes cœurs, espoir de la société chrétienne. Quant aux heureux élèves de ce maître si distingué, il faut les avoir entendus parler du zèle avec lequel il leur communiquait le feu sacré qui le dévorait, les convictions chaleureuses qui sortaient de son âme sacerdotale. Ils ne tarissaient pas sur le sujet des premières communions, auxquelles on arrivait préparé par des retraites dont le parfum demeurait dans le cœur, malgré les vents du monde et les agitations de la vie. Quand deux d'entre eux se rappelaient ensemble ces beaux jours dont la foi seule a le secret, le nom de leur catéchiste bien-aimé revenait délicieusement sur leurs lèvres, et ils disaient de lui, comme on l'avait dit du divin Maître : N'est-il pas vrai que ses enseignements embrasaient nos cœurs, et qu'en nous donnant le pain de l'instruction religieuse, il avait le talent de nous la faire aimer !...

Presque à l'égal des jeunes auditeurs, Mgr Dupanloup avait subi le charme de cette parole si religieusement acceptée. Il honorait souvent le catéchisme de sa présence, et se plaisait à dire que M. Mellier était passé maître dans l'art si difficile d'instruire et d'intéresser les enfants. Pour l'avantage des paroissiens de Sainte-Croix, il eût fallu leur laisser toujours cette rare lumière ; mais la gloire de Dieu demandait qu'elle fût mise sur un plus beau chandelier. La cure de Pithiviers devint vacante : Sa Grandeur s'empressa d'y appeler M. Mellier.

La paroisse de Pithiviers, dont notre digne confrère prenait possession en 1851, réservait sans doute un vaste champ à son zèle, mais un champ qui, par l'effet de plusieurs circonstances, offrait à la culture religieuse les plus redoutables difficultés. Le nouveau pasteur s'en rendit compte, et, armé de la croix, sut les affronter sans hésitation. On l'a entendu raconter qu'en touchant pour la première fois le sol que Dieu lui confiait, il se jeta à genoux dans la voiture, suppliant le divin Esprit de lui donner la force et la confiance nécessaires pour l'accomplissement de sa mission. Le Ciel entendit sa voix. Les obstacles prévus ne tardèrent pas à se montrer. Muni des dons qui caractérisent-les vrais apôtres, il attaqua l'ennemi et accepta généreusement tous les périls de la lutte. Son dévouement et sa constante prière réussirent à opérer la transformation du troupeau.

Le premier moyen qu'il mit en œuvre fut celui dont il avait constaté les puissants résultats. L'instruction chrétienne sous toutes ses formes vint, avec une prodigalité qu'on a pu nommer excessive, combattre l'ignorance, cause ordinaire de l'hostilité. Il mit en honneur les catéchismes, tant de persévérance que de préparation à la première communion, et pour prêcher d'exemple à ses vicaires, il garda pour sa part la bonne moitié de ce travail. En même temps il multipliait les prônes et les instructions pour tous. Pas de cérémonie à Pithiviers, pas de bénédiction du Très Saint Sacrement qui ne fussent accompagnées d'un sermon.

Ses collaborateurs n'avaient pas de répit, et parfois
ployaient sous le fardeau, quoiqu'à lui seul il fît
autant d'ouvrage que les deux ensemble. Nous le
tenons de l'un d'entre eux, qui raconte quelques
détails de cet apostolat sur le ton d'une admiration mêlée peut-être à celui d'une critique un peu
intéressée. Voici, d'après ce témoin l'économie
d'une journée de dimanche : Trois prônes le matin,
celui de la grand'messe, celui de la messe pour les
hommes à la chapelle de l'hospice, et un troisième
à la paroisse de Boudaroy que desservait un
des vicaires. Après midi, le catéchisme de persévérance des garçons suivi de celui des filles, toujours avec l'assistance du clergé réuni ; enfin, l'office du soir avec une instruction plus longue et
plus solennelle, sans préjudice de ce qui se faisait
à la prison et à l'hospice où la parole sainte était
également distribuée. Ajoutons à cela une instruction tous les jeudis, avant le salut d'usage ; une
méditation le matin et un entretien le soir, pendant le mois de Marie, sans compter la prédication
du carême. Le bon pasteur était infatigable, et, par
un prodige que lui seul semblait pouvoir opérer, en
se dépensant de la sorte, il demeurait infatigable.
Son esprit, son accent, son savoir-faire, tout,
jusqu'à sa voix sonore et bien modulée, donnait à
cette alimentation si fréquente le piquant de la
nouveauté.

A l'instruction, M. Mellier joignit les œuvres de
piété. L'archiconfrérie réparatrice du blasphème

et de la profanation du dimanche ; celle du Très Saint Cœur de Marie, affiliée à Notre-Dame des Victoires, groupaient successivement les âmes chrétiennes sous la bannière d'un apostolat fécond.

Les hommes de Pithiviers allaient rarement à la messe ; le cœur du digne prêtre en était navré. L'inspiration lui vint de faire dire à l'hospice une messe où se ferait un entretien court et substantiel. Sa pensée fut bénie de Dieu. On ne saurait dire le nombre d'hommes qui, depuis cette institution, ont repris la pratique des devoirs religieux.

La charité ne fut point oubliée. Non content du dispensaire établi, avant son arrivée, pour les pauvres malades, il en créa un nouveau, à l'intention des ouvriers qui, peu prévoyants dans la santé, tombent, après quelques semaines de maladie, dans une affreuse détresse.

Les besoins de la jeunesse furent aussi une de ses grandes préoccupations. Par la création de l'œuvre dite des *jeunes trésorières,* il sut inspirer à la classe aisée de son troupeau l'esprit de charité qui donne un but à la vie et tire de l'inaction des âmes à qui rien ne manque, et, du même coup, fournir aux jeunes filles nécessiteuses une place ou un atelier abrité contre les périls du monde ; ou, enfin, en cas de chômage, des secours en argent que leurs charitables bienfaitrices se faisaient un bonheur de leur apporter. Une bibliothèque paroissiale qu'il fonda à ses frais, acheva de ménager à cette intéressante portion de sa famille

spirituelle les innocentes diversions qui la rete-
naient dans le devoir.

Que dire de sa sollicitude pour les malades de l'hôpital! C'était un père visitant ses enfants, les con-
solant dans leurs douleurs et dissipant leurs chagrins à l'aide de ces mots joyeux qui coulaient si
spontanément de ses lèvres. Plus d'un malade a
été ainsi ramené à Dieu.

Et les enfants de Marie que dirigeaient les
sœurs de la Charité, et les sœurs elles-mêmes
avaient dans ce grand cœur une place de choix où
elles étaient l'objet de ses attentions les plus paternelles. L'une d'elles, entre autres, l'a bien
éprouvé. Sœur Justine avait passé sa vie entière
à l'hôpital, qu'elle habitait déjà au temps de la
Terreur. Maintenue à son poste, au retour de la
paix, elle y était vénérée et chérie comme la mère
des pauvres. Mais l'âge et la vieillesse l'avaient
réduite à l'impuissance et comme immobilisée sur
son fauteuil. Jésus et son serviteur ne l'y oubliè-
rent pas. Comme la communion était sa vie, le bon
pasteur se faisait une joie de la lui apporter souvent, devançant le jour, pour ne pas gêner la malade, et parfois arrivant à minuit avec le Pain des
forts. Aussi, quand vint la mort, la pieuse fille, émue
de tant de soins, lui adressa ces mots : « Merci, mon
père, ah! merci! au ciel je chargerai saint Vincent de vous payer mes dettes. Je lui demanderai
qu'il vous prenne au nombre de ses enfants!... » L'a-
venir devait donner raison à ce prophétique adieu.

Du reste, M. Mellier était déjà à moitié lazariste. L'arrivée de nos confrères à Montargis, pendant son vicariat, l'avait mis en rapport avec le T. H. P. Etienne, qui lui donna la plus haute marque de confiance en lui faisant prêcher aux Filles de la Charité des retraites, à la satisfaction de toutes. Le voilà en chemin ; les épreuves vont achever d'en faire un véritable fils de saint Vincent.

La première, par ordre de date comme de gravité, fut l'odieux sacrilège commis dans son église dans la nuit du 10 au 11 mai 1852. Le tabernacle fut forcé par des malfaiteurs, les vases sacrés enlevés et les saintes hosties répandues sur le pavé, depuis l'autel jusqu'à la petite porte de l'église, par où les misérables s'étaient enfuis. Qu'on juge de la consternation du saint prêtre ! Elle fut partagée par tous ses paroissiens, et une cérémonie d'expiation, qui eut lieu quelques jours après, voyait le plus grand nombre de ses enfants témoigner, par leur attitude morne et silencieuse, la vivacité de leur foi et leur profonde douleur.

Moins d'un an après ce forfait, un grand désastre atteignait le temple matériel. Nous ne ferons que rappeler à grands traits l'incendie, par le feu du ciel, de l'élégante flèche qui dominait l'église et faisait à bon droit l'orgueil des habitants de Pithiviers. Il fut impossible de la sauver ; le monument tout entier devint la proie des flammes ; les cloches elles-mêmes furent brisées ou fondues. Ce ne fut que par un prodige attribué à la foi du pasteur qu'on réussit à préserver cent maisons menacées par le fléau. A l'heure du plus grand danger, il avait imploré saint Joseph, en lui consacrant sa paroisse et promettant de lui dédier un autel. Soudain, le feu ralentissait son ardeur, les âmes reprenaient confiance, et pas un des ouvriers employés au sauvetage ne manquait à l'appel.

Sans se donner un instant de repos, M. Mellier entreprit de rendre à son église en deuil le magnifique clocher qui faisait son plus bel ornement : œuvre difficile, qu'il sut réaliser avec son intelligence habituelle et avec une rapidité qui étonna et ravit d'admiration ses paroissiens. Les volontés et l'argent répondirent à ses chaleureux appels. Quêtes multipliées, souscriptions volontaires, libéralités de l'État, tout fut mis à contribution par l'exécuteur de la belle entreprise ; et le mois de mai de 1855 voyait l'inauguration de la nouvelle flèche, dont la grâce et la hardiesse faisaient oublier le monument primitif.

On eût dit que ce beau travail allait fixer à jamais au sol qui le portait, l'homme dont le zèle avait tout conduit. La Providence le voulait ailleurs. En brisant un des liens qui l'enchaînaient, celui des affections de famille, cause elles-même de malaises qui le firent bien cruellement souffrir, Dieu augmenta l'attraction qui le portait vers la vie religieuse et amena la séparation entre le pasteur et le troupeau ; nous allons raconter ces douloureux incidents.

Au temps où notre cher confrère était vicaire à Sainte-Croix, libre de se procurer les joies de la vie de famille, sans rien dérober à son devoir sacerdotal, il avait fixé son domicile au presbytère, mais il prenait ses repas à la table de son père, bien heureux de çette douce intimité. Sa nomination à la cure de Pithiviers, tout honorable qu'elle était, fut une véritable épreuve pour ce foyer, où le départ de celui qui en était la vie, joint à l'absence de mouvement, depuis que le chef de la maison avait quitté les affaires, le laissait ainsi que sa digne compagne dans une solitude qui ressemblait au deuil. On projeta de renouer sur ce nouveau théâtre les relations interrompues, mais la joie de la famille fut de courte durée. Le ciel n'avait réuni ces cœurs qui s'aimaient tant, que pour leur donner l'occasion d'un plus grand sacrifice. En novembre 1855, le père de M. Mellier fut atteint d'une maladie qui ne tarda pas à devenir alarmante et à le réduire, après quelques jours, à la dernière extrémité. C'est alors qu'on put constater la compatibilité du talent et de la vertu avec la plus fidèle tendresse. M. Mellier ne quittait la couche du vieillard que pour les exigences de son ministère. Quand l'heure suprême fut venue, on le vit se jeter aux pieds du mourant, lui demander pardon pour les chagrins qu'il avait pu lui causer, et réclamer sa bénédiction paternelle. Le père étendit sa main sur la tête de l'oint du Seigneur. Mais changeant aussitôt de rôle, il remercia le Ciel de lui avoir donné un si excellent fils, et, à son tour, il voulut que le ministre de Dieu lui donnât sa bénédiction. D'une voix entrecoupée de sanglots, celui-ci prononça la formule sainte, priant une dernière fois le Seigneur d'accueillir miséricordieusement cette âme si chrétienne; un instant après, tout était consommé.

De nombreuses lettres de sympathie prouvèrent au curé de Pithiviers la grande estime dont il jouissait, ainsi que son vénérable père. De tous les points du diocèse et au dehors, ce fut un concert de condoléances bien propres à adoucir son immense douleur. Le cardinal Morlot et Mgr Dupanloup furent des premiers à lui écrire; nous croyons bien faire de citer ici leurs lettres.

« Tours, 10 novembre 1855.

« CHER MONSIEUR LE CURÉ,

« J'apprends avec une grande peine le triste événement, et c'est bien de tout cœur que je m'associe à votre douleur et à vos regrets. Mais je sais aussi combien sont douces et puissantes les consolations que vous laisse le souvenir de cette vie si honnête et si chrétienne, le spectacle surtout de cette mort vraiment chrétienne, puisqu'elle a été entourée de toutes les grâces et bénédictions du Ciel..... Vous aurez donc là-haut un protecteur de plus; car j'espère qu'il y est ou qu'il y sera bientôt : et cette pensée inséparable de la mémoire de ce bon père, vous sera un dédommagement plein de douceur.

« Je prierai cependant avec vous. J'offrirai le saint sacrifice dès le premier jour libre, à l'intention du cher défunt, et je demanderai tout ce que vous pouvez désirer, tout ce que vous demandez vous-même, dans ces jours d'affliction et de deuil.

« Recevez, cher Monsieur le curé, la nouvelle assurance des sentiments les plus profonds et les plus dévoués.

« † V. N. cardinal archevêque de Tours. »

« Orléans, le 10 novembre 1855.

« Mon cher ami,

« Je m'unis bien à votre peine, et à vos prières. Je dirai trois fois la sainte Messe pour l'âme de celui que vous pleurez à si juste titre.

« C'était un chrétien bien fidèle, et je ne doute pas que le bon Dieu ne l'ait reçu dans sa miséricorde ; mais c'est toujours une consolation et un devoir de prier. Je le ferai de tout mon cœur avec vous.

« Tout à vous en Notre-Seigneur,

« † Félix, évêque d'Orléans. »

Sous l'empire de la première impression produite par cette mort, M. Mellier fit une démarche qui semblait révéler une résolution arrêtée de finir ses jours à Pithiviers. Nous voulons parler de la translation des cendres de sa mère, de son frère et de ses deux sœurs, dans le cimetière qui venait de recevoir celles de son père. Réunis dans la mort comme ils le furent dans la vie, et comme au ciel sont sans doute réunies leurs âmes, ces cinq corps semblent indiquer au dernier survivant de la famille la place qu'il viendra occuper un jour. C'était bien le désir du fils et du frère ; mais le prêtre avait le pressentiment d'une volonté du Ciel qui l'enverrait prendre ailleurs son dernier repos. Un an après la funèbre cérémonie qu'il venait d'accomplir, le 20 mai 1857, vingtième anniversaire de sa prêtrise, il rappelait le vœu plus d'une fois exprimé par lui de finir ses jours à l'ombre d'une communauté religieuse, ajoutant : « Voilà vingt ans que je suis prêtre ; j'ai toujours demandé à Dieu qu'il me donnât ce temps pour le servir dans le ministère paroissial. Je puis donc chanter mon *Nunc dimittis !* Que le Seigneur me conduise où il voudra ! »

Dieu ne tarda pas à parler à son serviteur. Au commencement de juillet, époque où la fête patronale de la paroisse se célébrait conjointement avec les trois jours d'adoration, M. Mellier se livra avec son zèle accoutumé à tous les travaux nécessités par la circonstance. La conférence ecclésiastique suivit immédiatement les fêtes. A l'issue de cette réunion, M. Mellier fut pris d'un malaise aussi subit qu'alarmant, et la paroisse consternée apprit que les jours si précieux de son pasteur étaient sérieusement menacés. Partout on gémissait et l'on faisait monter au ciel de ferventes prières.

Ce fut au milieu des angoisses de cette cruelle nuit que Dieu fit entendre sa voix, et que l'avenir du bon prêtre fut définitivement arrêté. On eût dit que le péril, promptement conjuré, n'avait eu d'autre fin que d'amener cette détermination.

Quinze jours après, complètement rendu à la santé, M. Mellier se dirigeait vers Pais pour faire une retraite dans la Maison-mère de la Mission. Saint Vincent semblait l'y attendre pour lui dire, du haut du ciel qu'il devait entrer dans sa famille. La petite Compagnie lui ouvrait ses portes avec bonheur ; mais il était nécessaire d'obtenir l'adhésion de Mgr l'évêque d'Orléans.

La première fois qu'on aborda ce sujet, le prélat surpris et visiblement contrarié répondit vivement par un refus formel. M. Mellier comprit qu'il devait attendre l'heure du Ciel, et se retira sans insister. Rentré à Pithiviers avec son secret, comme pour donner le change, il acheva quelques travaux accessoires à son clocher, il parla même de jeter les fondements d'un nouveau presbytère. Et cependant, sûr de sa vocation, il redouble d'instances auprès de Dieu ; il court souvent au Tabernacle, où, quand il se croit seul, on le voit se prosterner la face contre terre, suppliant le divin Maître de faire tomber les obstacles, et de lui donner la liberté de se consacrer tout entier à son service.

En même temps, il frappe discrètement mais avec force à la porte de l'autorité, pour triompher des résistances qu'on lui oppose. Mgr Dupanloup

n'est plus aussi absolu ; seulement il fait des objections, dont le dernier mot était la crainte et le
regret de perdre un de ses meilleurs prêtres. Sa
Grandeur lui recommande de prier, de réfléchir,
de prendre conseil. Il fait du bien, après tout, là
où il est... en fera-t-il autant ou plus dans la position désirée ? Ne se fait-il pas une pieuse illusion,
et ne cède-t-il pas à une tentation spécieuse ?...
En tout cas, et malgré ses victorieuses réponses,
le prélat lui demande d'ajourner son départ à
l'époque peu éloignée de la retraite ecclésiastique.

Assuré désormais du succès, M. Mellier fait en
secret ses derniers préparatifs. Puis, le dimanche
où l'on solennisait l'exaltation de la sainte Croix,
anniversaire de son installation à Pithiviers, il
prêcha sur la fête du jour et termina par ces mots,
qu'on ne croyait guère être son dernier adieu :

« Mes frères, je vous ai souvent parlé de la
Croix. Puissé-je vous avoir convaincus qu'elle
est l'unique chemin de la gloire éternelle. »

La retraite s'ouvrait le soir même à Orléans.
A midi, l'excellent pasteur confie son troupeau
bien-aimé à l'ange de la paroisse, et s'en va forti-
fier son âme dans la paix de la maison de Dieu.
La veille de la clôture, il se présente de nouveau
chez Mgr l'évêque, et à genoux lui demande humblement de briser son dernier lien. Profondément
ému, le prélat n'essaye même pas de résister. Mais
lui ouvrant paternellement ses bras et le serrant sur
son cœur : « Bien cher ami, lui dit-il en pleurant,

si j'ai jusqu'à présent contrarié vos saints désirs, c'est que j'étais jaloux de garder pour mon diocèse tout le bien que la Providence vous destine à faire ailleurs. Je vous bénis ! allez, au nom du Seigneur, et que sa sainte volonté soit faite !..... »

III

M. MELLIER A SAINT-LAZARE.

En présence du changement de direction qui vient de s'opérer dans la vie de notre cher confrère, on se demande avec quelque surprise les motifs dont il a pu s'inspirer. Il avait quarante-quatre ans, par conséquent la plénitude de sa vigueur et de ses facultés. Sa position, comme prêtre, est de celles qu'on peut légitimement envier ; elle lui assure non seulement un rang de choix, mais du travail et des âmes à gagner à Dieu, choses dont l'absence est le tourment des ministres de l'autel. Il est vrai que tout n'est pas fleur dans son jardin, nous l'avons constaté ; mais les épreuves, loin de décourager un homme et un chrétien de sa trempe, ne sont propres qu'à lui donner une énergie nouvelle. On outragerait son caractère, en le supposant capable d'avoir lâché prise, par défaut de magnanimité. D'ailleurs, son silence sur ce sujet est une demi-révélation que l'avenir doit mettre en lumière : M. Mellier avait peur des hommes qui n'auraient pas manqué de venir le chercher. La petite Compagnie lui offrait contre cet écueil un refuge assuré.

Mais dans le diocèse qu'il venait de quitter, à Pithiviers principalement, on ne s'expliqua pas tout d'abord ce brusque départ, qui éclatait comme un coup de foudre. Échanger un beau poste pour l'obscurité d'une petite communauté, et cela à quarante-quatre ans, avec des habitudes contractées qui auront de la peine à fléchir sous le joug d'une règle! C'était l'observation que tout le monde faisait au dehors, tandis que dans les cercles un peu plus intimes on versait des larmes sur la perte de l'incomparable pasteur.

De son côté, la nature si vive et si sympathique de M. Mellier dut, sans nul doute, éprouver plus d'un violent assaut lorsque, devant sa table du séminaire, entouré de jeunes gens, ses aînés en vocation, il retournait en esprit dans la paroisse où tout marchait sous l'impulsion de sa volonté. Mais Dieu le veut! il ne faiblira pas. L'homme mûr, le prêtre distingué saura se faire enfant et se soumettre comme le plus petit de tous aux exigences de sa nouvelle position.

Ceux qui vécurent à ses côtés, se souviennent de l'avoir vu, l'air joyeux et serein, accomplir dans les plus menus détails les prescriptions de nos saintes règles. Le premier debout au son de la cloche, il court avec empressement aux exercices; les petites corvées d'usage et les humiliations, l'assujettissement aux récréations, tout ce martyre à coups d'épingle, qu'il faut avoir expérimenté pour s'en faire une idée, l'humble novice en accepte les épreuves, avec une simplicité qui ferait croire qu'il a toujours vécu dans ce milieu.

Le soir même de sa réception, 29 septembre 1857, on remit à M. Mellier un volumineux paquet de lettres, dont l'une du cardinal archevêque de Paris, qui était loin de le savoir au nombre de ses diocésains. M. le directeur lui laisse la liberté d'écrire ou d'aller personnellement à l'archevêché. « Oh ! je ne veux pas choisir, répondit-il vivement ; j'aime mieux obéir ! » D'après le conseil qu'on lui donna, il écrivit à Son Éminence. Mgr Morlot répondit aussitôt, par une lettre des plus affectueuses et des plus délicates, où il félicitait notre communauté de cette précieuse acquisition. Quelques jours après, il venait lui-même à la Maison-mère donner au fils de saint Vincent un témoignage plus sensible de l'estime dont il l'honorait.

Cependant Pithiviers restait sous le coup de l'émotion que ce brusque départ avait produite. On ne s'habituait pas à l'idée d'une séparation perpétuelle. Chaque courrier apportait au père bien-aimé de cette inconsolable famille quelque expression nouvelle des regrets qu'il avait laissés dans tous les cœurs. M. Mellier répondit collectivement à ses paroissiens, par l'entremise de ses vicaires. Mais à l'œuvre qu'il avait plus amoureusement cultivée, il voulut donner une marque toute spéciale de sa vive affection. Voici la lettre qu'il écri-

vit à ces Messieurs au sujet des enfants de ses catéchismes.

« Gentilly, octobre 1857.

« MESSIEURS,

« Vous avez bien voulu vous charger d'exprimer aux fidèles de mon ancienne et toujours très
chère paroisse mes profonds et sincères regrets au
moment de la séparation. Je viens vous prier aujourd'hui de vouloir bien transmettre à nos enfants des catéchismes les sentiments que je leur
garde au fond de mon cœur. Ces chers enfants
étaient dispersés pendant les vacances, à l'époque
de mon départ ; maintenant qu'ils sont réunis, il
vous sera facile d'être mon interprète auprès de
tous.

« Je veux les assurer d'abord, ces chers enfants, du souvenir que je leur conserve et conserve-
rai toujours ! L'éducation chrétienne et tous les
soins donnés à cette chère jeunesse laissent dans
mon âme d'ineffables souvenirs, que rien ne saurait effacer.

« Et d'ailleurs, le Dieu qui exige quelquefois sur
cette terre de très coûteuses séparations, ne demande jamais qu'on oublie ceux et celles dont les
âmes nous ont été confiées, et dont il nous a char-
gés de former les cœurs à la vertu, et de préparer
le véritable et éternel bonheur.

« Je désire ensuite les prier, ces chers enfants, de m'accorder leurs bonnes et ferventes petites prières, pour que je corresponde fidèlement et courageusement à cette vocation à laquelle Dieu m'appelle..... Oh! qu'ils veuillent bien me donner cette nouvelle preuve de leur affection; ils n'auront pas prié pour un ingrat. Je leur offre tout ce qui me reste maintenant, et dont je puisse disposer : une part dans les quelques mérites que Dieu voudra bien attacher aux travaux, aux courses et aux sacrifices de toutes sortes qui m'attendent dans ce nouveau ministère. Qu'ils sachent bien, ces chers enfants, que j'emporte avec bonheur et grande consolation les extraits que j'ai faits de leurs analyses, de leurs petites homélies, de leurs sentiments à l'occasion de nos fêtes de catéchisme, et de tous ces écrits par lesquels ils m'ont prouvé plus d'une fois, le prix qu'ils attachaient à la science par excellence, et m'ont révélé les bonnes, les saintes et heureuses dispositions de leurs jeunes cœurs.

« Tous ces souvenirs m'étaient déjà bien précieux, ils me deviennent aujourd'hui encore bien plus chers ! Je garde surtout comme un inestimable trésor les résolutions qu'ils ont prises aux pieds des autels, et qu'ils m'ont confiées dans le plus beau jour de leur vie ! Peut-être plus tard, sur la route nouvelle que Dieu ouvre devant moi, rencontrerai-je quelques-uns de ces enfants que le divin Maître avait confiés à mes soins..... Ce sont là les

secrets de la Providence, qui tient en réserve pour
la sanctification et pour la persévérance des
siens, les moyens les plus imprévus, et qui dispose
à son gré des personnes et des choses, des temps
et des lieux..... Comme je serais heureux alors de
pouvoir les raffermir dans la vertu, en mettant sous
leurs yeux les sentiments qui les animaient dans
les précieuses années de leur adolescence.....
Comme je serais fort pour les ramener au devoir,
(s'ils avaient eu le malheur de le négliger un instant), en leur faisant lire les promesses solennelles
et touchantes écrites de leurs mains, et leur rappelant les jours de l'innocence, de la paix et du
bonheur !

« Ah ! Messieurs, dites bien, je vous en supplie,
à ces chers enfants que je compte sur leur persévérance, et que dans ma solitude je la demande à
Dieu de toute l'ardeur de mon âme. Oh ! oui ! j'ai
trop de confiance dans leurs bons et chrétiens sentiments, pour penser que les leçons que Dieu m'a-
vait chargé de leur donner puissent être jamais
oubliées.

« *A Dieu,* donc, chers enfants, puisque c'est la
volonté de Dieu. Croyez bien qu'aucune force hu-
maine, aucune raison mondaine n'auraient jamais
pu briser les liens si forts et si doux qui m'attachaient à vous et à vos chères familles.

« *A Dieu,* c'est le mot que je vous redisais cette
année, il y a quelques mois, au beau soir de votre
première communion..... En vous le redisant ce

mot si souvent répété dans le monde, et si peu compris et goûté, il se passait dans mon âme d'indicibles choses !.....

« *A Dieu,* vous disais-je, c'est à Dieu que je vous confie..... C'est entre les bras du meilleur, du plus tendre des pères, que je vous laisse et que je vous remets.

« *A Dieu,* c'est auprès de lui que nous nous retrouverons, par les pensées pieuses, les espérances chrétiennes et les ardentes prières.

« *A Dieu,* c'est au pied de son trône que nous nous reverrons dans quelques années... Le ciel que l'Église nous ouvre, et nous montre dans ces fêtes consacrées à la gloire de tous les saints, est l'heureux rendez-vous que je vous donne. Je vais travailler plus que jamais, à me rendre digne d'aller vous y attendre, et j'espère que vous y viendrez tous un jour. »

Non content de ces témoignages d'intérêt donnés à tous, M. Mellier crut devoir s'occuper auprès de l'autorité diocésaine du successeur qui lui semblait le plus apte à continuer les œuvres qu'il avait commencées. Son estime, autant que son amitié, lui faisaient désirer M. l'abbé de Lataille ; mais ce digne prêtre venait d'être appelé aux conseils de l'évêque ; et Mgr Dupanloup, heureux de la confiance qu'il avait mise en lui, ne pouvait se résoudre à en faire le sacrifice. Une force majeure vint faire triompher les instances de M. Mellier. Vainement on avait offert la cure de Pithiviers à divers ecclésiastiques ; l'éclat du titre ne compensait pas à leurs yeux la lourde tâche de remplacer un tel prédécesseur. Monseigneur dut se résigner et l'ami de notre cher confrère devint l'héritier de son zèle et de son dévouement.

Tout heureux de ce choix, le fervent novice va désormais se livrer entièrement à sa sanctification personnelle, plein de reconnaissance pour la grâce que le divin Maître a daigné lui accorder. Ce sentiment de gratitude, on le sent déborder de son cœur, toutes les fois qu'il parle ou qu'il écrit sur sa vocation. Il remercie saint Vincent d'avoir voulu l'accueillir, malgré son âge, au nombre de ses enfants. Jaloux de réparer ce qu'il appelle un temps perdu, il s'applique à utiliser tous les instants de cette solitude bien-aimée, qui lui permet de se retrouver lui-même, et de se plonger à l'aise dans l'union avec Jésus caché. N'est-ce pas dans ce silence, dans cette apparente inertie, qu'il va, plus peut-être que dans le bruit et l'agitation, faire l'œuvre de Dieu, remplir un ministère d'autant plus utile que l'amour-propre n'aura rien à revendiquer pour son compte !

Telles sont les pensées que le divin Esprit fait naître dans notre fervent novice. Il s'y abandonne avec délices et se promet bien de célébrer la prochaine fête de Noël à la façon des bergers et des humbles, que l'Enfant-Dieu se plaît à voir autour de son berceau. Dieu n'exauça pas entièrement ses pieux désirs. Pour l'œil exercé du Père Étienne,

M. Mellier avait déjà donné la mesure de son esprit intérieur. Tout en le laissant derrière sa toile au séminaire, on le traita comme un maître, et malgré ses objections, le novice dut se résigner à devenir l'un des auxiliaires de M. Aladel, à la Maison-mère des Filles de la Charité.

Il n'eut d'abord à sa charge que la confession d'une petite partie des sœurs du Séminaire. Ce fut avec la prudence et le tact dont on le savait doué, qu'il s'acquitta de cette importante fonction. Lui qui aime tant les enfants, va préparer à des milliers d'enfants disséminés sur la surface de la terre des mères qui les nourriront du pain de l'instruction chrétienne et du lait de la charité. Pasteur d'une seule paroisse, il y a trois mois, il va communiquer le zèle qui l'animait à une légion d'apôtres : voilà bien le centuple assuré par le divin Maître à ceux qui sacrifient les honneurs du monde, par amour de la solitude et de l'obscurité.

A ces premières attributions vinrent se joindre les conférences spirituelles données à la Maison-mère. Le vénérable Directeur des sœurs avait trouvé en M. Mellier le *dux verbi* dont la riche fécondité était inépuisable ; il en profita largement.

Les Filles de la Charité qui jouirent de ses entretiens si intéressants, et si pratiques, comme celles qui eurent le privilège de sa direction, sont unanimes à proclamer les consolations qu'elles trouvèrent à l'école de ce guide intelligent. Elles ont surtout apprécié ce cœur généreux qui se don-

nait en même temps que coulait sa parole. Les
âmes éprouvées en firent l'expérience ; et toutes,
sans exception, aiment à se rappeler qu'avoir été
quelques jours au nombre de ses filles, c'était un
titre assuré à ses meilleures prières, et comme
un droit acquis à figurer sur les tablettes de sa
famille spirituelle, qu'il gardait continuellement
sur lui.

Ainsi s'écoulèrent les deux années de probation
exigées par nos constitutions avant l'admission
aux saints vœux. M. Mellier appelait ardemment le
jour béni où se consommerait son sacrifice. L'absence du Supérieur général, qui tenait à recevoir
lui-même les premiers engagements de notre confrère, occasionna un léger retard, que l'humilité
de notre fervent novice attribuait à son indignité :
« Ce n'est pas le jour de la fête des SS. Anges
gardiens, écrivait-il aux sœurs de Pithiviers, mais
le 8 octobre, qu'il me sera donné de me consacrer
tout entier à Notre-Seigneur dans la petite Compagnie. Aidez-moi à l'en remercier. C'est sans
nul doute, parce que j'en suis bien indigne qu'il
m'a laissé quelques jours de plus pour m'y préparer. Continuez donc de beaucoup prier pour moi.
Monsieur N. T. H. Père est absent ; c'est pourquoi
j'attendrai son retour ; car il m'en a lui-même
exprimé le désir. »

On a bien compris le motif du retard imposé à la
pieuse impatience de notre cher confrère. C'est
que le P. Étienne voulait se procurer la joie de

recevoir ses engagements, en attendant le moment de lui donner les plus hautes marques de sa confiance. D'un coup d'œil il avait apprécié cette nature d'élite où le cœur et la modestie marchaient de pair avec l'intelligence. M. Mellier ne tarda pas à en faire preuve dans la retraite qu'il eut à prêcher dans la maison des enfants trouvés, et dont la vénérable mère Devos suivit les saints exercices. C'était évidemment un hommage rendu au talent de l'orateur. Mais à une âme aussi intimement unie à Dieu, il fallait autre chose que l'éloquence, et le père des deux familles témoignait, par ce choix, qu'il avait discerné dans le missionnaire cette profonde science des voies de Dieu qui permet au prêtre de guider des disciples déjà maîtres dans la route du divin amour.

Après de tels débuts dans les emplois de la Congrégation, on ne peut s'étonner de voir M. Mellier quittant assez fréquemment ses fonctions ordinaires à la communauté, pour aller où Dieu l'appelait distribuer le pain de la sainte parole. La pieuse indiscrétion des sœurs qui ont joui des entretiens de la Maison-mère a déjà fait connaître le zélé missionnaire. La province est jalouse de Paris ; les maisons du dehors veulent avoir part au bienfait que leur a ménagé la Providence. Une combinaison toute favorable va répondre au vœu général. Nous voulons parler de la fondation projetée d'une mission à Angers. M. Mellier doit en être la pierre fondamentale ; il trouvera dans cette position moins assujettissante le moyen de se donner sans obstacle à la culture des âmes, qui vont de toutes parts faire appel à son dévouement.

Tous les préparatifs étant faits pour la nouvelle fondation, M. Mellier partit le 11 septembre 1860, avec un autre missionnaire et un frère coadjuteur. Il trouva à Angers une maison parfaitement accommodée au genre de vie de ses hôtes. Située dans un des faubourgs, non loin du cimetière, dans une rue que le voisinage a fait dénommer *rue du Silence*, cette demeure répondait bien aux vues du saint Fondateur, qui aime à voir ses enfants au milieu des pauvres, et veut qu'ils se montrent apôtres aux champs, chartreux à la maison. Nous allons y suivre notre digne confrère, prenant possession de la cellule où, pendant près de vingt ans, il nourrira son âme de méditation et d'étude, dans les courts intervalles que lui laissera l'apostolat. Là va se dérouler toute la chaîne de cette vie si simple et si féconde. Un coin obscur dans une solitude ignorée du monde, c'est le *petit nid* où le serviteur du bon Maître trouvera son repos après la fatigue, sa consolation dans l'épreuve, et le sommeil du juste, à la fin de sa laborieuse journée.

IV

SÉJOUR A ANGERS. — APPRÉCIATIONS SUR LES DI-
VERS MINISTÈRES DE M. MELLIER.

Mgr Angebault fit à M. Mellier et à ses confrères l'accueil le plus paternel. Sincèrement dévoué aux Filles de la Charité, ce prélat voyait **avec**
bonheur se compléter la famille de saint Vincent.
Mais le mérite du supérieur qu'on lui envoyait, ne
pouvait qu'accroître à l'égard des nouveaux venus
les dispositions déjà favorables qui ne se démen-
tirent jamais.

Comme la plupart des fondations de la petite
Compagnie, celle d'Angers eut un enfantement
laborieux. Il fallait se faire accepter par un clergé
déjà largement pourvu du côté des missions.
M. Mellier devait y réussir, moins encore par ses
talents que par la patience, la modestie et le tact
qui signalèrent ses débuts. S'il désirait de loger
dignement l'Hôte divin, compagnon de sa solitude,
il ne se pressa pas de lui donner une chapelle. En
attendant l'heure de la Providence, une chambre
gracieusement ornée sera le sanctuaire où Jésus
recevra ses ferventes adorations.

Ce fut parmi les malades de l'hôpital Saint-
Jean que M. Mellier inaugura son ministère.
L'année 1860, comme on sait, vit le deuxième cen-
tenaire de la mort de saint Vincent, et le jubilé que

Pie IX, à cette occasion, avait accordé aux fidèles. Des pauvres pour auditeurs, et saint Vincent pour sujet de prédication, difficilement on eût pu rencontrer de meilleures prémices. Elles font présager les fruits de vie que dix-neuf années d'apostolat produiront dans le diocèse, et dont le digne couronnement sera un autre jubilé, celui de l'intronisation de Léon XIII. Les saints exercices prêchés à cette occasion, par le missionnaire, prêt à finir sa course, auront pour théâtre de son zèle, au lieu du vieil hospice en ruines, un autre édifice aux proportions magnifiques, que la charité ne tarda pas à adjoindre aux bâtiments du grand hôpital Sainte-Marie.

Entre ces deux points extrêmes de sa carrière d'apôtre, va se dérouler une chaîne de travaux que nous n'entreprenons pas de raconter en détail.

Deux choses doivent être signalées comme caractères spéciaux de M. Mellier, d'abord son aptitude à tout faire et à réussir en tout genre de fonctions ; ensuite sa prodigieuse activité qui le transportait d'une chaire à une autre, et cela non seulement sans épuiser ses forces, mais sans lui rien ôter de ce cachet original qui le rajeunissait pour ses auditeurs les plus familiers. En le voyant passer successivement de la cité au village, du sein des plus brillantes assemblées au milieu des plus rustiques populations, enfin des hauteurs d'une retraite ecclésiastique à la petite table autour de laquelle il groupait une poignée d'orphelins qu'il faisait rire et pleurer tour à tour, on bénit Dieu d'avoir réuni des talents aussi divers dans le même homme, devenu, selon le souhait de notre bienheureux Père, l'ouvrier parfait, capable de glorifier le divin Maître dans toutes les entreprises qui lui seront confiées.

Pour ne donner qu'une idée du zèle qui l'animait, nous empruntons à sa correspondance avec le digne et regretté M. Laurent son itinéraire apostolique, du mois d'août 1872 au mois de novembre de la même année.

Il vient de terminer le 15 août une retraite de sœurs, aux environs d'Angers. Celle des sœurs de la Trinité, commencée peu après, puis une troisième à Nantes, le préparent à la retraite ecclésiastique de Paris, qu'il ouvre le 14 septembre. Le 24, il est à Orléans pour le même motif, et aux premiers jours d'octobre nous le trouvons au milieu du clergé du diocèse d'Oran. A peine de retour, il prend le chemin de Rennes, où l'appelle la retraite des sœurs, à laquelle va succéder celle de novembre à la Maison-mère. Il arrive enfin à Dieppe, où le retard des saints exercices ayant diminué le nombre des sœurs, le prédicateur se dédommage en prêchant concurremment une retraite à trente-six orphelines. N'oublions pas qu'il avait soixante ans, quand il se livrait à ce rude labeur.

Mais voici qui nous édifiera plus encore qu'un

travail sans ménagement ; nous voulons dire la pureté d'intention qui ennoblissait sa tâche extérieure. Nous sommes en 1870, à l'époque lugubre où le sol de la France frémissait sous le pied de nos ennemis. Une cinquantaine de blessés venaient d'arriver à l'hôpital Sainte-Marie, converti partiellement en ambulance.

Touchés des soins dont les entourent les sœurs, ils demandèrent une petite mission que M. Mellier se fit un bonheur de leur donner. A peine l'œuvre est-elle en train qu'un ordre de départ appelle ailleurs ces bons jeunes gens, n'en laissant que dix pour achever leur convalescence. La retraite semblait finie, faute d'auditeurs. Le prédicateur voulut la continuer tout de même. « Ne fussent-ils que deux, disait-il, je ne perdrai pas mon temps ! » Frappés d'un dévouement si désintéressé, les malades civils demandèrent à remplacer les soldats, et la moisson d'âmes fut des plus abondantes.

Nous ne citons pas d'autres faits. Au lieu de les accumuler, nous recueillerons les impressions que produisit sur son chemin le modèle des missionnaires. Laissons parler d'abord un vénérable pasteur du diocèse d'Angers qui, tout en racontant des traits particuliers, fait en quelque sorte l'histoire de M. Mellier, dans ses rapports avec toutes les paroisses qu'il évangélisa.

Lettre de M. le curé de Longué, à M. X... (1879).

« Les relations intimes que j'avais avec le vénérable M. Mellier vous ont inspiré la pensée de me demander si je ne pourrais pas fournir quelques notes intéressantes, sur une vie si belle à tous les égards.

« Je voudrais pouvoir faire passer dans l'esprit et dans le cœur de ceux qui liront les détails de cette vie, si jamais on la donne, la sincère admiration que j'avais pour ses vertus, qu'il s'efforçait de cacher et qu'il dissimulait si adroitement sous le couvert d'un genre d'esprit qui lui était particulier. Mais tout ce que je pourrai dire aura le défaut d'être exclusivement personnel. Je ne puis et je ne dois parler de M. Mellier qu'au point de vue des rapports que nous avons eus ensemble. Je n'ai pas la prétention de jouer le rôle d'un historien. Je parlerai de M. Mellier comme d'un ami, c'était le nom que nous nous donnions mutuellement en nous écrivant.

« M. Mellier arrivait en Anjou, au mois de septembre 1860. Je venais de faire consacrer notre nouvelle église au mois de juillet. J'eus la pensée de profiter du carême suivant pour faire donner dans cette église, dont la paroisse de Longué pouvait être fière, des instructions spéciales en forme de mission. Je m'adressai à M. Mellier. Il accepta de bon cœur cette bonne œuvre et il s'y dévoua avec toute l'ardeur de son zèle et de sa piété. Longué avait conservé de ce carême un tel souvenir qu'il n'a jamais été effacé. Aussi, lorsque M. Mellier apparaissait à Longué, c'était fête au presbytère et dans la paroisse ; sa gaieté cordiale et ses spirituelles saillies rendaient vraiment enviable son séjour à Longué, qu'il ne prolongeait jamais assez au gré de nos désirs, et je dois le dire, si nous l'aimions de tout cœur, il nous témoignait bien aussi la même affection, il se regardait à Longué comme chez lui, et il avait raison.

« Notre bonheur à tous deux consistait à échanger, après nos repas, nos vues, nos pensées pour le bien et, dans cette communication intime, il n'y avait de réticence ni pour l'un ni pour l'autre. Je lui confiais mes espérances, mes craintes, et vis-à-vis de moi il était d'une franchise que lui inspirait notre communauté d'idées et de sentiments sur presque tous les points. Dans ces conversations, où l'abandon en faisait le charme, j'admirais surtout l'esprit de foi et de sacrifice qui semblait diriger toute sa vie. Faire la volonté de Dieu, quand bien même il lui en coûtait beaucoup, c'était son bonheur.

« Lorsqu'il fut appelé par le P. Étienne à Paris, pour y exercer les fonctions de Directeur des sœurs et d'assistant de la Congrégation, il m'écrivit une lettre que je regrette de ne plus avoir, mais dont j'ai conservé la pensée, et même les expressions : « Vous connaissez, cher ami, me

« disait-il, mes goûts et mes répugnances ; le bon
« Dieu, en m'appelant à Paris, me demande de sa-
« crifier les uns et d'accepter les autres. Je me
« soumets ; mais je sens, plus que jamais, que je
« ne suis pas fait pour cette vie de correspondance
« et de direction assise. La vie active est mon *élé-*
« *ment,* le bon Dieu le sait bien, et le P. Étienne
« aussi : ni l'un ni l'autre ne veulent m'y laisser
« cependant, il faut se résigner. Je pars. »

« Sa manière d'écrire était brève, pleine de
cœur, mais chaque lettre portait toujours le cachet
de la piété.

« M. Mellier était l'homme de la Providence et
moi-même, dans les œuvres que j'avais entreprises,
j'avais dû beaucoup compter sur Elle. Cette similitude d'aspirations et de confiance avait contribué
à rapprocher et à unir nos âmes. Jamais à Longué
nous n'avions de fête sans que M. Mellier n'y prît
une part active ; il s'associait à tout, il se souvenait
de tout ; les noms des personnes qui pouvaient
favoriser le bien ou s'y opposer lui étaient restés
dans la mémoire, et il aimait à savoir ce que l'on
avait à craindre des uns, et à espérer des autres.

« Depuis longtemps nous désirions voir notre
église ornée d'un autel dédié à saint Vincent de
Paul : le motif en était aussi juste qu'honorable pour
nous. La paroisse de Longué, en effet, tient la seconde place sur le registre des obédiences des
Filles de la Charité. Après Angers, c'est Longué.
Une tradition, que nous sommes loin de repousser,

prétend que notre paroisse reçut autrefois la visite
de l'illustre saint, qui fut lui-même le fondateur
de notre modeste établissement. N'était-il pas con-
venable qu'un monument religieux vînt attester
les services rendus à cette paroisse par les filles
de saint Vincent, qui ne l'ont jamais quittée, pas
même à l'époque de la Révolution. Une âme géné-
reuse se chargea d'acquitter cette dette de nos
cœurs, un autel fut élevé à saint Vincent dans
notre église le 11 octobre 1868. M. Mellier voulut bien prêcher le sermon de la bénédiction de cet
autel, présidée par Mgr Angebault. Dans ce sermon, M. Mellier énumère les vertus de saint Vincent et la perpétuité du bien opéré par ses œuvres.
Tout d'un coup, il s'arrête et, sans m'en avoir prévenu, il proclame du haut de la chaire que saint
Vincent de Paul, honoré aujourd'hui à Longué
d'un culte spécial, ne peut rester inactif, et qu'en
conséquence il faut créer à Longué un hôpital
sous son puissant patronage. A peine M. Mellier
était-il descendu de chaire, que je lui témoigne
mon étonnement de sa hardiesse. « Que voulez-
« vous, me dit-il, mon cher ami, le bon Dieu m'a
« inspiré cette pensée et ce désir. Je l'ai exprimé. A
« vous d'y travailler. Ne vous inquiétez pas, le bon
« Dieu et saint Vincent vous viendront en aide. »
Effectivement, dès l'année 1869, les difficultés
qui me paraissaient insurmontables s'aplanis-
saient. La commune de Longué, en me donnant le
terrain voisin du logement des sœurs, sur lequel

devait se construire l'hôpital, me laissait, avec l'autorisation de M. le préfet, la direction des travaux sous ma responsabilité personnelle. Dans la même année j'achetais une maison voisine indispensable pour le service de l'hôpital. **M.** Mellier m'avait encouragé à faire cette acquisition en me procurant quelques ressources.

« L'œuvre marcha rapidement, et, malgré la déplorable époque de 1870, la charité ne fit pas défaut. Le 11 octobre 1874, Mgr Freppel venait bénir cet hôpital dont la construction avait coûté *cent mille* francs et qui réunit des revenus suffisants pour entretenir six lits. Depuis cette époque de nouveaux dons ont augmenté ses ressources.

« M. Mellier avait pris l'initiative de cette bonne œuvre, qui sans lui n'aurait pas eu peut-être un dénouement si prompt. Aussi, était-il à l'inauguration de cet hôpital, et le cœur content il me disait le soir : « Eh bien ! cher ami, vous voyez : *ce que Dieu et saint Vincent veulent, arrive toujours.* »

« Mais dans ce récit rapide des faits qui se sont passés à Longué, sous l'œil et avec le concours de M. Mellier, je n'ai encore rien dit du bonheur que nous éprouvions, lorsqu'il venait prêcher les exercices préparatoires de la communion des enfants, ce qu'il faisait presque tous les ans. Jamais je n'ai vu personne avoir le don d'intéresser les enfants comme lui. Son langage, son regard, son activité, tout en lui fascinait les enfants, et les instructions leur paraissaient toujours trop courtes.

« M. Mellier était le causeur le plus agréable, ses sermons se ressentaient de ce genre dans lequel il excellait. Profond connaisseur du cœur humain, il savait en pénétrer les faiblesses, en démasquer les travers, et en regard de cette peinture fidèle des mœurs de notre époque, il mettait toujours le remède pratique, destiné à atténuer ou à corriger le mal. M. Mellier avait un talent d'orateur spécial, il n'aimait pas à s'adresser à un auditoire mélangé ; mais il excellait lorsqu'il avait devant lui une catégorie d'auditeurs ; alors il se mettait à l'aise, il attaquait les défauts, les dépeignait au naturel, intéressait et charmait ses auditeurs. Aussi il réussissait à merveille dans les retraites de dames, d'Enfants de Marie, de pensionnaires et de jeunes gens.

« A Longué nous avons un patronage de jeunes gens, pas de chapelle particulière, et difficilement nous aurions pu convoquer ces jeunes gens à l'église pour suivre les exercices d'une retraite. J'eus la pensée d'inviter M. Mellier à leur donner quelques conférences autour du billard, pendant la semaine qui précédait Noël : il accepta volontiers et chaque soir il les réunissait, les intérressait par ses récits animés et ses bons mots, tirait ses comparaisons de leurs jeux et du billard qui était sous leurs yeux, et le jour de Noël tous nos jeunes gens faisaient la communion. »

« Jamais vie ne fut plus active que la sienne. A Pithiviers, où il était curé avant d'entrer à Saint-

Lazare, il était l'âme des nombreuses œuvres
qu'il avait fondées. Chaque dimanche il prodi-
guait sa parole toujours facile et agréable, à l'é-
glise, aux différentes associations, et il me disait
en riant : « A Pithiviers on trouvait peut-être
« que je parlais **trop**, et moi j'ai dit que je ne par-
« lais pas assez ; voilà pourquoi je me suis fait
« missionnaire. »

« Mais accoutumé à voir la main de Dieu dans
tout ce qui lui arrivait, il m'écrivit lorsque la
maladie le cloua sur son lit : « Le bon Dieu, cher
« ami, m'a pris par mon endroit sensible : il
« trouvait que je marchais trop, que je parlais
« trop ; il m'a ôté l'usage des jambes et réduit
« à ne plus parler qu'avec lui. Je dis mon bré-
« viaire, je fais mes oraisons dans mon lit, voilà
« à quoi se borne maintenant ma vie. »

« Entouré d'objets de piété, il trouvait dans chacun d'eux une bonne pensée, un bon sentiment.
Peu de temps avant sa mort, je lui faisais visite.

« Eh bien ! me dit-il, en me voyant, je suis prêt,
« mes provisions sont faites, en bon soldat. Je
« n'attends plus que l'ordre pour partir. Priez
« pour moi, afin que je ne reste pas en route. »

« Voilà l'homme, le prêtre, le religieux ; je l'ai
aimé comme un frère, je le vénérais comme un
saint et je me plais encore à m'inspirer de son souvenir et de ses bonnes paroles.

« Je vous confie ces notes, j'aurais voulu vous les
donner plus complètes, mais j'ai dû me restreindre

au petit cadre qui m'était personnel. Daignez agréer le respect profond avec lequel je suis votre très humble serviteur,

« J. MASSENEAU, Curé de Longué. »

L'enthousiasme qu'il provoquait parmi le peuple accompagnait M. Mellier dans ses travaux parmi le clergé. Témoin les nombreuses retraites ecclésiastiques pour lesquelles il a été redemandé par des prélats, dignes admirateurs d'un talent que relevaient l'expérience et la piété. Il faut noter entre toutes celles du diocèse de Paris, dont il dut se charger à son corps défendant sur les instances réitérées de Mgr Darboy, qui, après l'avoir entendu à Nancy, voulait absolument jouir encore des charmes de cette magistrale parole. On a pu voir qu'il n'eut pas le temps d'assister à la réalisation de ses vœux.

A Orléans, son propre pays, il eut l'honneur de faire exception à l'aphorisme évangélique. L'humble missionnaire en fait l'aveu dans la lettre suivante confirmée par le témoignage de Mgr Dupanloup :

« La retraite de Paris a été nombreuse et très édifiante. Celle d'Orléans se présente dans les meilleures conditions. » Deux jours après il écrivait de nouveau : « Oui, j'aime bien prêcher mes compatriotes, mais j'aime bien aussi causer avec mes chers confrères, par écrit, quand je ne puis le faire de vive voix.

« Notre retraite d'Orléans va vraiment bien, mes

concitoyens sont très indulgents pour moi, et à mon grand étonnement je suis continuellement occupé à entendre *in divinis* mes amis, mes anciens collègues. Ils savaient, et ils ne l'ont point oublié, qu'à défaut de grands talents de l'esprit, Dieu a bien voulu me donner un peu de cœur et que, sans doute, je serais heureux de le dépenser à leur profit. »

Le succès fut en effet complet. M. Mellier écrivit à Mgr Dupanloup, qui était absent pendant la retraite, et voici la réponse qu'il en reçut :

« 4 octobre 1872.

« Cher ami,

« J'ai reçu votre bonne lettre, et je ne saurais assez vous remercier.

« Mais, par-dessus tout, je vous remercie du bien que vous avez fait à nos bons prêtres. Je sais qu'ils ont été tout à fait heureux de vous entendre, et je n'en suis pas surpris. Je n'ai eu qu'un chagrin, c'est de ne pouvoir partager leur bonheur et jouir avec eux de votre éloquente parole et de votre cœur.

« Recevez de nouveau tous mes vifs remerciements, et croyez plus que jamais à mon profond et tendre attachement en Notre-Seigneur.

« F., Ev. d'Orléans. »

Allons du grand au petit pour bien montrer que les rôles élevés ne faisaient pas oublier au fils de saint Vincent la simplicité traditionnelle.

Plein de sollicitude pour les divers orphelinats où il allait prêcher, le supérieur d'Angers devait avoir une prédilection pour les enfants de la ville épiscopale. Les orphelines de la Trinité ont eu le temps d'apprécier l'inépuisable tendresse du dévouement dont il était rempli. Du trésor des lettres si paternelles qu'il leur adressait, au cœur de ses missions, nous ne détacherons que la suivante où l'âme du bon Père se montre au naturel.

« Saint-Martin-d'Aires (par Beaugé), 16 mars.

« MES CHÈRES ENFANTS,

« C'est le bon Dieu, vous le savez bien, qui m'inspire tous ces moyens par lesquels nous sommes heureux de vous témoigner le grand intérêt que nous vous portons, et le désir très vif que nous éprouvons de travailler à votre bonheur et à votre avancement dans la vertu.

« Vous l'avez compris, et je vous dois rendre le témoignage que vos jeunes cœurs savent apprécier tout ce qui est fait pour compléter votre éducation, vous faire aimer la religion et assurer votre persévérance.

« Je viens aujourd'hui m'acquitter d'une promesse faite au moment du départ. Il m'est doux de me la rappeler et de vous envoyer ce que je vous ai promis.

« Ne pouvant pas vous prêcher aussi souvent que je le désirerais, il faut bien vous envoyer par écrit ce que je ne peux pas vous dire toujours de vive voix.

« Comme cette petite instruction paternelle vous arrivera pour la fête du bon saint Joseph, c'est à ce bon patron, si aimable et si puissant, que je demande de me dicter ce que je dois vous dire aujourd'hui.

« Saint Joseph avait été choisi pour être le gardien, le protecteur, et pour ainsi dire le guide de l'Enfant Jésus. Il fut comme chargé de son éducation (quoique le divin Enfant n'eût pas besoin qu'on lui communiquât une science et une sagesse qu'Il possédait dans un degré infini). Il se laissa élever, cet admirable adolescent. Comme Il aimait l'humble maison de son père nourricier ! comme Il chérissait cette précieuse solitude ! comme Il savait bien obéir ! comme Il travaillait de bon cœur !...

« Votre éducation, vous en êtes bien persuadées, chères enfants, est l'objet de toute ma sollicitude. Aussi, il faut bien le dire, vous serez plus tard, toujours, ce que vous avez été dans ces premières années de votre vie. Ce n'est pas une parole dépourvue de sens que celle-là : *Élever*. Combien de fois je vous l'ai répétée ! Il me semble que vous êtes plus disposées et plus capables que jamais de la comprendre. Il faut donc travailler avec plus de soins, de courage et de persévérance que jamais à

élever, à grandir, à développer en vous tout ce
qui est susceptible de noblesse et de grandeur. Il
faut élever votre esprit, en le débarrassant de
tout ce qui serait petit, mesquin, de tout ce qui
sentirait l'ignorance, la fausseté ou l'étroitesse de
jugement, en un mot de toutes les pensées vulgaires et communes qui ne se trouvent que chez les
mauvaises petites écolières. Je prends, vous le
voyez, ce dernier mot dans une acception dont
vous ne devez pas vouloir.

« Oh ! que c'est une grande et précieuse science
de savoir de bonne heure juger sainement des personnes et des choses : comme cette science ne
s'acquiert pas en un jour, de savoir, au moins, se
défier de ses petites lumières, de ses petits raisonnements et par conséquent prendre et accepter
les conseils des personnes expérimentées et affectueusement dévouées, que la Providence a placées
près de vous avec la haute et difficile mission de
faire votre éducation. Il faut élever votre cœur qui,
naturellement, a des goûts terrestres, des aspirations mauvaises, j'allais dire des instincts pervers.

« Le cœur une fois formé et élevé, il y a tout à
espérer... Mais combien cette tâche est rude et in-
grate ! Il ne tient qu'à vous, chères enfants, de la
rendre douce et facile. Laissez-vous conduire,
n'imitez pas ces enfants gâtés et insupportables
qui crient et se révoltent quand on contrarie un
peu leurs caprices, quand on contredit leurs mauvais petits sentiments.

« Dieu seul sait quel avenir vous attend ! mais quel que soit cet avenir, nous n'avons aucun sujet de le redouter pour vous, si vous nous laissez maintenant élever chrétiennement vos esprits et vos cœurs... Et pour résumer d'une manière pratique ces quelques réflexions :

« 1° Il faut que d'ici Pâques il y ait quelque réforme sensible chez toutes à l'endroit des petites misères de l'esprit et du cœur... et pour cela :

« 2° Pas de raisonnements et de petits murmures tout haut ou tout bas, contre les prescriptions du règlement, qui est l'expression de la sainte volonté de Dieu ; ou les simples recommandations des personnes si dévouées auxquelles Dieu a confié le soin de votre éducation ;

« 3° Faire un fréquent usage des petites oraisons jaculatoires pendant le travail. On ne saurait dire combien Dieu aime à s'entretenir dans le silence et l'intimité avec la jeune chrétienne qui s'applique à conserver le souvenir de la sainte présence de notre bon Père céleste.

« Je ne doute point que vous n'ajoutiez à ces quelques pratiques plusieurs petits sacrifices et plus d'une légère privation. Les mortifications corporelles ne doivent être entreprises qu'avec autorisation : celles qui sont intérieures et s'appliquent à la destruction de nos petits mauvais penchants sont toujours permises.

« Je vous bénis, mes bien chères enfants, du fond de mon cœur ; vous savez que la bénédiction

du ministre de Jésus-Christ et d'un père sincèrement et affectueusement dévoué porte toujours
bonheur !!!

« L. M. »

Si tel était le zèle de M. Mellier pour les enfants
confiées à nos sœurs, on peut se faire l'idée de son
dévouement aux mères de cette chère famille :
nous aurons lieu de le constater dans le chapitre suivant. Terminons celui-ci par la citation d'un extrait
du *Petit Journal de Maine-et-Loire* au lendemain de la mort du vénérable défunt (10 mai
1879).

« Il possédait à un degré supérieur les qualités
qui émeuvent le cœur et charment l'esprit. Son
éloquence partait de son âme. Développée par une
sagacité rare et par la culture d'une riche intelligence, elle se proportionnait à tous les auditoires.
Élevée et savante avec les gens instruits, elle des-
cendait au ton de la familiarité avec les petits et les
ignorants. En se faisant humble avec les humbles,
M. Mellier n'était jamais vulgaire, et parvenait
toujours à rehausser à son niveau l'assistance
qui l'entourait, si modeste qu'en fût la condi-
tion.

« Orateur populaire dans toute la sincérité de
l'expression, il se plaisait surtout dans les églises
de village et de faubourg, ou dans les chapelles
des hospices. Il exerçait un grand empire sur les
pauvres, parce qu'il les aimait, et ceux-ci le savaient

bien. Il s'était identifié en quelque sorte avec leur nature ; il en connaissait toutes les faiblesses et aussi tous les mérites. En leur parlant avec une franchise parfois sévère, qui n'admettait aucun compromis, il suivait une marche bien différente de celle de ces flatteurs du peuple qui le trompent pour en faire les instruments de leur ambition. Lui, au contraire, ne disait que la vérité, mais avec une bonhomie si cordiale qu'aux premiers mots chacun était comme illuminé par sa foi persuasive et convaincu de son dévouement aussi sincère que désintéressé.

« Le genre de ses instructions rappelait celui que la tradition attribue au P. Brydaine : tours heureux d'idées et d'expressions, comparaisons ingénieuses et frappantes, anecdotes à propos, verve intarissable dans la variété, si bien que l'attention ne faiblissait jamais ; enfin accent sympathique soutenu par une chaleur d'expansion qui faisait de chacun de ses auditeurs non seulement un croyant, mais de plus un ami. « Ah ! que nous « perdons ! c'était là un bon homme ! » avons-nous entendu dire par un vieillard de Sainte-Marie à ses camarades, en sortant lundi du cimetière. Quel éloge funèbre vaut cette simple parole !

« M. Mellier excellait dans plus d'une mission de l'apostolat : doué d'une grande pénétration de sentiment, qui n'avait d'égale que la droiture de son esprit dans la direction spirituelle, aucune délicatesse des âmes les plus tendres ne lui était étrangère.

« La science théologique de M. Mellier n'était
pas moins riche que sa mémoire. En l'exposant il
répandait sur des sujets sévères le charme de son
imagination, comme les fleurs s'épanouissent au
printemps, sur des tiges parfois rugueuses. Le
clergé angevin a joui plusieurs fois de ses préférences pour sa seconde patrie.

Mgr Darboy, qui l'avait entendu à Nancy, le
pria, dès la première année de son installation sur
le siège de Paris, de venir prêcher la retraite de
son clergé. Le missionnaire, confus de cet honneur,
le déclina en assurant qu'il n'était bon, tout au plus,
qu'à instruire les laboureurs et les pensionnaires
des hospices. Le prélat répondit que ces excuses
confirmaient le désir de le voir accepter son invi-
tation. En dépit de son humilité, M. Mellier ne
-put se défendre d'instances aussi puissantes ; il se
résigna, et le succès d'édification dont il reçut de
précieux témoignages, dut le consoler du combat
qu'il eut à livrer entre le devoir et sa modestie.
M. Deguerry, l'un des martyrs de la Commune,
alors curé de la Madeleine, vint, après la retraite,
trouver M. Mellier, pour le remercier au nom des
curés de la capitale, et il lui dit en l'embrassant,
avec effusion : « Mon ami, vous nous avez fait du
bien. »

« Enfin M. Mellier brillait par une qualité qui,
tout en étant d'ordre moins élevé que celles dont
nous traçons l'esquisse, exerce aussi une influence
bienfaisante dans les relations sociales. Il possé-

dait éminemment l'art de converser, à tel point que chez lui l'art disparaissait pour ne faire place qu'à un naturel parfait. Dans les réunions intimes où M. Mellier voulait bien se rendre, il y tenait toujours le premier rôle. Nul ne pouvait lutter avec lui pour le pittoresque du récit, le choix des anecdotes, la finesse des réparties, la gaieté de l'accent, et cependant il souriait à peine ; mais sa voix, son regard, ses gestes, ses tournures de phrases, tout était en harmonie ; en un mot, c'était un causeur plein de charme, et quand l'heure de la retraite sonnait, au grand regret de ses auditeurs, les dernières inspirations de sa verve, toujours aimable et distinguée, semblaient, au lieu de s'affaiblir, croître en abondance et en éclat. »

Cette citation, comme celles qui l'ont précédée, nous ont parfaitement révélé l'impression que produisit partout notre bien-aimé confrère. Mais nous sommes arrivés un peu trop tôt sur les bords de sa tombe ; nous reprenons le récit de quelques événements.

V

M. MELLIER, ASSISTANT DE LA COMPAGNIE ET DIRECTEUR DES FILLES DE LA CHARITÉ. — VICAIRE GÉNÉRAL. — SON RETOUR A ANGERS. — SA MALADIE.

Ce n'est pas ordinairement, on le sait, par la variété des faits que brille la vie d'un missionnaire ; la monotonie en est souvent le caractère ; et quand on a dit à grands traits le genre d'occupations qui fait la spécialité de chacun d'eux, il est rare qu'on ait à signaler des incidents qui tranchent notablement sur le fond. La vie de M. Mellier ne fait guère exception à cette règle. Deux ou trois faits seulement se détachent tant soit peu de la surface unie des années qu'il a passées dans la maison du *Silence*. En 1864, le vénérable P. Etienne vint l'y prendre pour compagnon du voyage qu'il fit à Rome. Il eut donc la consolation tant enviée de voir en ses plus beaux jours le Pontife immortel à qui l'Église entière aurait été heureuse de baiser les pieds. La bénédiction de celui qu'on a dépeint en ces mots : *Crux de cruce,* ne fut pas inutile au prêtre, dont le crucifiement douloureux n'est un mystère pour personne ; et, comme s'il avait à cœur d'y associer les âmes les plus rapprochées de la sienne, en souvenir de son pèlerinage il apporta des images de la Sainte Face qu'il offrit à toutes les maisons de sœurs dont il était chargé.

En 1866, il avait terminé la construction de la gracieuse et élégante chapelle, à l'inauguration de laquelle il eut la joie de voir présider son Supérieur général, qu'accompagnait la mère Félicité Lequette, récemment mise à la tête de la communauté.

Les grandes épreuves de la France le trouvèrent prêt à tous les dévouements. S'il ne s'éloigne pas pour aller consoler nos frères, moins en vue dans le poste où l'obéissance le fixait, il sut faire de toutes les journées de ce rude hiver une chaîne non interrompue d'œuvres charitables, stationnant chaque matin dans la chapelle de l'hospice, pour surveiller les malades avant l'arrivée des aumôniers; se transportant de maison en maison chez les Filles de la Charité que retenait un surcroît d'occupations laborieuses. De peur que l'âme en souffrît quelque dommage, surtout dans l'impossibilité de faire la retraite, le zélé missionnaire avait l'obligeance de les visiter tour à tour exceptionnellement et de leur distribuer à domicile le pain de la parole de Dieu.

Nous arrivons au grand événement qui va l'enlever quelque temps à son milieu favori, où il ne tardera pas à rentrer chargé de mérites d'un nouveau genre. M. Vicart venait de mourir. Cette mort laissait vacants deux postes importants de la Compagnie, auxquels il fallait pourvoir. M. Mellier prêchait une retraite aux sœurs de Rennes, lorsqu'une mission officielle vint l'avertir d'avoir à l'abréger pour se rendre immédiatement à Paris, où l'attendait la double charge d'assistant de la Congrégation et de Directeur des Filles de la Charité.

Atterré par cette nouvelle, le digne fils de saint Vincent sut contenir son émotion, donner habilement le change à l'opinion touchant le motif de son brusque départ, et se dirigeant sur Angers pour y recueillir ses cahiers et quelques livres, il tombait quelques heures après aux pieds du P. Étienne, épouvanté du sacrifice qu'on exigeait de lui. Il écrivait au soir de son installation : « Les événements se précipitent... *Fiat!* puisque Dieu le veut ! Je ne suis plus supérieur à Angers. Deux affaires me préoccupaient pendant la retraite de Rennes ; l'une secondairement : je l'ai mise en avant pour taire l'autre. Celle-ci, hélas ! était ma nomination comme Directeur des sœurs. J'ai fait mes objections... j'ai dû m'incliner et obéir. Il y a quelques heures, le Père général est venu me présenter dans la chapelle, pleine de sœurs, ignorant encore celui qui serait désigné... J'étais fort ému. Dieu me fait voir toute la responsabilité qui pèse sur ma pauvre faiblesse. Priez, s'il vous plaît, et faites prier pour moi... Je suis encore sous une impression difficile à rendre... Que Dieu me tienne compte de ma soumission et de ma bonne volonté !... »

Rien cependant au dehors ne justifiait les appréhensions de son humilité. Brisé par la disparition successive de ses anciens amis, comme l'avait été notre bienheureux Père saint Vincent, M. Étienne accueillait en M. Mellier le dernier soutien de sa vieillesse et déposait entre ses mains toute la confiance dont avaient joui MM. Aladel et Vicart.

La Compagnie entière avait applaudi à ce choix.

Quant à la communauté des sœurs, dont un bon nombre avait expérimenté la sagesse et la charité du nouveau Directeur, nous pouvons dire que cette nomination fut accueillie à la satisfaction universelle. On était sûr de trouver en lui tout ce que réclame une fonction aussi difficile : et le discernement que donne une grande intelligence fécondée par l'union à Dieu, et l'amour sincère des âmes qui, tout en imposant des fardeaux, aide à les soulever, et la franche amitié qui sait dire la vérité, en lui ôtant ce qu'elle a de trop austère; mais surtout une abnégation de toutes les heures pour répondre à tous ceux qui auraient besoin de conseil ou de consolation.

Tous ces talents, M. Mellier les possédait admirablement. Nous aimerions à en donner la preuve en déroulant ici quelques pages de sa volumineuse correspondance avec les Filles de la Charité. Plusieurs sans doute nous béniraient d'avoir fait ressortir les grandes qualités du bon Père ; mais nous devons nous souvenir qu'une notice a des bornes dans lesquelles il faut se renfermer.

En se dévouant de tout cœur au rôle que l'obéissance lui assignait, M. Mellier trouvait une consolation dans la pensée d'alléger les soucis du vénérable Père Étienne. Ce digne Supérieur n'était plus que l'ombre de lui-même, nonobstant la faveur, qu'il payait si cher, de conserver intactes ses deux facultés maîtresses, la tête et le cœur. Les souffrances qu'il endurait depuis si longtemps avaient abattu son énergie ; les crises devenaient tous les jours et plus fréquentes et plus terribles. Le 12 mars 1874, il rendit sa belle âme à Dieu, assisté jusqu'au dernier instant par celui qu'il semblait n'avoir appelé que pour lui fermer les yeux. A onze heures du soir, la famille de saint Vincent avait la douleur de perdre son père ; le lendemain matin, M. Mellier était proclamé vicaire général.

L'estime dont l'avait comblé le vénérable défunt ne l'avait pas habitué à soupçonner une distinction aussi éclatante. Ce fut un coup de foudre pour sa modestie, et l'on put s'en convaincre quelques heures après, lorsque, récitant à midi le *Veni, sancte Spiritus*, il dut se taire, étouffé par les larmes, et demander pardon à ses confrères de l'émotion qui l'empêchait de continuer.

On n'avait pas de peine à comprendre l'angoisse de ce premier moment. Si jamais succession avait dû paraître redoutable, c'était bien à la mort de l'homme qui venait, par le travail d'un demi-siècle, de relever l'œuvre de saint Vincent. Mais fortement imbu de la doctrine de notre saint fondateur,

M. Mellier savait que moins il y a de l'humain dans une entreprise, plus on est assuré que Dieu y mettra du sien. Il mit donc tout son espoir dans le Seigneur et tendit résolument à son but.

Nous n'avons pas à rechercher si les moyens qu'il adopta répondirent pleinement à la droiture de ses intentions et à la fermeté de ses vues. A ne consulter que la marche des événements, on pourrait être tenté d'accuser avec l'Écriture *la timidité de nos pensées et l'incertitude de nos plus belles conceptions.* Une solution plus consolante nous apparaît dans les divines révélations. Quand Dieu veut faire un saint, il n'hésite pas à le jeter dans le creuset de l'adversité pour qu'il s'y débarrasse des scories plus ou moins mêlées à la vertu la plus éminente. M. Mellier était une de ces âmes à qui la foi fait dire comme à saint Paul : *Cum infirmor, tunc potens sum.* Un moment élevé presque au faîte des honneurs, il descendra subitement au niveau de la foule. Ne le plaignons pas ! C'est par de telles vicissitudes que Dieu prépare l'élévation de ses plus chers amis.

Toujours est-il que, placé sur le chandelier pour éclairer ses frères, il leur donna, dès le jour de sa prise de possession, l'exemple de toutes les vertus dont nous devons être ornés. Modèle de régularité, malgré les écrasantes occupations qu'il dut subir sans y avoir été préparé ; contraint, pour faire face à tout, de prolonger ses journées, au préjudice de son repos, on le voyait se rendre à tous les exercices, présider aux conférences et aux chapitres; il ne savait même pas, tant il aimait la vie commune, s'absenter des récréations qu'il animait si bien par son esprit pétillant et par le laisser-aller de ses entretiens. Jaloux de faire plaisir à tous, quand le devoir ne lui commandait pas de tenir ferme, il s'étudia à faire régner cette vie de famille que saint Vincent désirait voir dans la petite Compagnie. Les étudiants de cette époque n'ont pas oublié l'intérêt particulier qu'il leur témoignait en toute rencontre, et qui lui valut en revanche leurs plus affectueuses sympathies; n'oublions pas cette franchise inaltérable qui lui gagnait toutes les âmes droites et ne savait se plier au moindre déguisement; qualité parfois dangereuse, il faut le dire, mais qui n'empêche pas d'appliquer à celui qui sut les pratiquer cet éloge bien mérité : *Dilectus Deo et hominibus, cujus nomen in benedictione erit.*

Nous n'avons pas à raconter la série des actes officiels que dut accomplir M. Mellier en qualité de vicaire général, et dont le plus saillant fut la convocation de l'assemblée générale pour le 8 septembre suivant. Mais il faut signaler le zèle qu'il déploya à l'effet de ramener parmi nous la dépouille vénérée de M. Etienne, qu'une mesure rigoureuse avait condamnée à quitter cette demeure, si laborieusement édifiée par ses soins. Les démarches de l'homme de sa droite eurent un plein succès. Une circulaire datée du 24 juin, fête du regretté défunt, annonçait aux deux familles la consolation qu'elles auraient de retrouver les restes de leur vénéré Père, en face de la précieuse relique, objet de leur filiale dévotion. La cérémonie de translation se réalisa en effet, conformément au programme. C'est par elle que M. Boré inaugura les pouvoirs que lui confia l'assemblée ; par elle aussi que M. Mellier terminait sa rapide mission. Onze mois auparavant, il venait d'Angers servir de bâton à la vieillesse de M. Étienne. Il allait y rentrer, après avoir ramené ses cendres dans le sanctuaire que le vénéré défunt avait bâti à l'honneur de saint Vincent.

A ne juger qu'humainement les phases successives par lesquelles vient de passer la vie de M. Mellier, on devrait s'attendre à constater une altération profonde, ou du moins une diminution de calme dans ses relations de tous les jours. Ceux qui furent à ses côtés à l'époque de ces événements, aussi pénibles qu'imprévus, purent se convaincre qu'il était de ceux à qui un pieux auteur fait dire ces mots d'une célèbre martyre : *Mens mea solidata est et in Christo fundata.*

Pas un nuage ne se montra sur son front au retour de l'imposante réunion dont il présida l'ouverture, et de laquelle il sortit simple membre de la famille de saint Vincent. On l'avait vu pleurer la première fois qu'il accomplit un acte de sa charge.

Rentré dans son obscurité, il alla gaiement reprendre son rang de vocation au réfectoire, en disant avec un aimable sourire : « Je ne suis plus que Louis Mellier. » Il dut pourtant attendre, dans cette situation, la fin des opérations de l'assemblée, et ce ne fut que le soir où elle termina ses travaux que, nommé de nouveau par M. Boré supérieur de la maison d'Angers, il se hâta de faire ses préparatifs, et partit de la Maison-mère, où, hélas ! il ne devait plus revenir. Une lettre qu'il écrit à M. Laurent, dès sa rentrée dans la *rue du Silence*, nous met au courant des agitations involontaires qu'il sut si bien contenir.

« 26 septembre 1874,

« MONSIEUR ET TRÈS CHER CONFRÈRE,

« *La grâce de N.-S.*, etc.

« Vous me permettrez bien de venir vous faire une petite visite au milieu de votre sainte retraite. Me voilà revenu à Angers. On m'y a vraiment trop bien accueilli. Je m'y trouve d'autant mieux que je n'ai rien demandé, et que c'est par la volonté de Dieu que je me retrouve ici.

« En rentrant à Paris, vous apprendrez des nouvelles que je ne sais pas et que je ne cherche pas à savoir.

«Je suis trop heureux de pouvoir me reposer ici, bien tranquillement, des *hommes* et des *choses*.

« Je ne saurais trop vous remercier de toutes vos bontés et de votre charitable indulgence à mon égard.

« Si, après Chartres, vous vouliez pousser une petite pointe jusqu'ici, j'en serais bien heureux. Aussi bien, je vous prie de regarder toujours la maison du Silence comme vôtre.

« Priez pour moi, et veuillez agréer, Monsieur et bien cher confrère, la nouvelle assurance de tout mon affectueux dévouement en N. S. et son Immaculée Mère,

« Louis Mellier,

« i. p. m. »

Avant de reprendre le cours de ses travaux, M. Mellier voulut se retremper dans le silence d'une bonne retraite. Il va nous dire quelqu'une des impressions dont le Seigneur daigna le favoriser :

« C'est aujourd'hui le quinzième anniversaire de mes saints vœux ! ! ! Je suis en retraite... dans les délices et les profondeurs de la retraite.

« Jésus seul ! et après trois grands jours de privations ! J'ai eu, ce matin, l'insigne faveur et l'ineffable bonheur de monter au saint autel : c'est l'anniversaire de mes saints vœux ! C'est l'action de grâces dans toute sa plénitude, plus pleine et plus délicieuse encore après le travail et l'épreuve..... Vous m'aiderez à remercier.

Pendant mes jours de solitude, de recueille-
ment, de silence, de séparation complète des créa-
tures dans mon petit ermitage, N.-S. m'explique
tous ces *événements* qui viennent de s'accomplir.
C'est délicieux! clair comme le jour et plein d'en-
couragements, de consolations et d'espérances.....
Et vous savez que nos espérances à nous sont
pleines d'immortalité, etc..... »

Quelques jours après, M. Mellier donnait une
mission en Bretagne, lorsque, pour la première
fois de sa vie de missionnaire, ses forces le trahi-
rent, et il perdit complètement la voix. Ce fut
comme un avertissement du Ciel pour son âme si
attentive à recueillir toutes les leçons que lui donnait la Providence. En entrant dans la Compagnie,
il avait l'espoir de lui donner vingt ans de son expérience; le terme approche, et le vaillant ouvrier
comprend qu'il ne le dépassera pas. Il se fit dès
lors un devoir de circonscrire son travail dans la
région directement confiée à son zèle. Sauf le cas
des retraites ecclésiastiques, qu'il dut excepter de
cette règle, il ne sortit plus d'Angers ou de ses environs, heureux de consacrer les intervalles de
repos que lui laissa son ministère, à sanctifier de
plus en plus son âme en la préparant au jugement
de Dieu. Cette pensée ne le quitta plus, et chaque
incident qui s'offrira sur son chemin, sera comme
une voix du Ciel qui le détachera de la terre et
rendra plus vifs ses élans vers la Patrie. Ce fut
d'abord la mort de celle qui lui avait servi de mère.

Madame Mellier avait eu le bonheur de recevoir une dernière bénédiction du prêtre qu'elle aimait comme son fils, et lui avait dit : « Au revoir ! » C'est du moins en ce sens qu'il interprétait ce suprême adieu, car il écrivait peu de temps après : « Le temps passe, oh ! oui, et l'éternité approche... Pour moi quelques travaux encore, et puis le repos au Ciel ! » Il sollicite ensuite des prières, « ayant, dit-il, grand besoin de conversion ».

En septembre 1876, il écrivait : « Pour ne pas être surpris, je tiens en ordre et mes affaires temporelles et ma conscience. Je suis heureux et tranquille, surtout quand je pense à la grande miséricorde de Dieu à mon égard. »

Au 20 mai 1877 : « Le jour de la Pentecôte, je célébrerai ma quarantième année de prêtrise : vingt ans de ministère paroissial, vingt ans de vie de missionnaire, quarante ans pendant lesquels on a pu faire quelques petits travaux, mais entachés de bien des imperfections, qu'il faut réparer. »

Des douleurs rhumatismales, compliquées plus tard d'un érysipèle à la jambe le condamnent, cette même année, à un repos forcé. Il s'y résigne avec la soumission la plus entière à la divine volonté. Saint Vincent lui a appris que « les maladies ne sont pas des maux à craindre, mais des moyens très efficaces pour nous sanctifier... Quand Dieu prive quelqu'un de ses forces corporelles, il veut lui apprendre qu'il a choisi d'autres instruments pour exécuter ses desseins. »

Conformément à ces pensées M. Mellier écrit :
« Demandez à Dieu que mes petites infirmités me
servent pour l'expiation de mes péchés. Il est bien
salutaire de mettre en Dieu toute sa sollicitude. En
ma solitude du silence, je médite à l'aise et me
prépare à l'éternité. »

Un autre signe avant-coureur de la mort lui fut
donné dans le départ pour le ciel de la bonne sœur
Bobard, supérieure de la maison de la Trinité,
dont les relations avec la mission d'Angers avaient
été des plus fraternelles.

Le digne supérieur appréciait son dévouement
et saisissait toutes les occasions de lui exprimer
sa vive reconnaissance. La longue maladie de la
servante des pauvres lui permit de montrer la
grande bonté de son cœur.

Partagé entre le chagrin que lui causait la per-
spective de la séparation et les saintes consolations
qui lui venaient de l'espérance, M. Mellier allait
souvent l'encourager sur son lit de douleur. Brisé
lui-même par la souffrance et appuyé sur un bâton,
on le voyait tantôt faire un effort pour dissimuler
sa tristesse, tantôt contraignant la nature à s'effacer, pour ainsi dire, devant la vertu, et parlant
du sacrifice de la vie sur le ton de l'âme convaincue
qui aspire après la dissolution prochaine : c'est
ainsi qu'il sut adoucir l'amertume des derniers
moments.

Quelques semaines après, un nouveau glas se
fait entendre.

Le vénérable M. Boré est presque subitement enlevé à la filiale affection des deux familles, qu'il dirigea trop peu de temps par la double lumière de sa science et de ses rares vertus. Cette mort affecta péniblement M. Mellier. Il se traîna comme il put jusqu'à Sainte-Marie pour porter à la communauté des sœurs le funèbre message, assombri encore par la vue de l'état déplorable de celui qui le communiquait. Sur les instances de toute la communauté, notre digne confrère consentit à recevoir le lendemain la visite du docteur. Il était temps : déjà la gangrène se déclarait à la jambe malade. Ordre formel lui fut donné de ne plus sortir de sa chambre et de garder le lit. L'habile docteur eût désiré qu'une sœur pût s'occuper des soins si délicats exigés par l'inflammation. A aucun prix, M. Mellier ne voulut consentir à la violation de la règle. Un des internes de l'hôpital fut, en conséquence, chargé du pansement régulier et il n'eut qu'à s'en féliciter. Car la patience et la sérénité de son malade, sa résignation à l'inaction forcée pour laquelle il avait une instinctive horreur, enfin l'inaltérable gaieté de son entretien, qui contrastait si fort avec tous, charmèrent prodigieusement le jeune chirurgien et lui inspirèrent une véritable admiration.

C'en était fait, le supérieur d'Angers était décidément sur le chemin de la céleste Jérusalem. Il y aura bien encore quelques mois de répit avant la consommation du Calvaire ; ce ne sera plus que la vacillante lueur de la lampe prête à s'éteindre à tout jamais. Notons ici les principaux traits de cette première phase de ses souffrances; le tour des dernières crises viendra plus tard après l'exposé des vertus.

Nous venons de dire son respect pour nos saintes règles, relativement à l'introduction des personnes du sexe, même les plus recommandables, dans l'intérieur de la maison. Jusqu'à la fin il fut inflexible. En vain, des Filles de la Charité, venues de loin, faisaient-elles valoir les droits exceptionnels que leur donnait un long voyage, et la cruauté d'un désappointement : elles devaient subir l'interdiction commune, et M. Mellier s'exprimait avec son énergique vivacité aux prêtres dont il recevait la visite. « Les bonnes sœurs doivent être heureuses de vous soigner, lui disait-on. — Des sœurs! répondait-il, jamais il n'en est entré une seule, et jamais je ne le permettrai! »

Il savait même se passer des soins de nos frères coadjuteurs, aimant mieux les voir fidèles à leur office que de les employer pour son usage particulier. Aussi ce temps de maladie fut pour le pieux patient un temps de profonde union avec Dieu et de continuelle solitude. Quelques bons prêtres, on l'a dit, venaient le voir de temps en temps; Mgr Freppel, récemment monté sur le siège épiscopal d'Angers, se fit un bonheur de l'honorer d'une de ses premières visites, le mérite et la réputation du saint prêtre lui ayant été signalés dès son entrée. En dehors de ses moments occupés par la charité, le malade était seul avec Jésus souffrant, dont il désirait de retracer aussi parfaitement que possible la douloureuse image. Comme ce divin Maître, il prêchait du haut de sa *croix*.

Les sœurs et les enfants qu'il dirigeait lui écrivaient pour avoir ses conseils, et il leur répondait avec sa bienveillance habituelle : « Le bon Dieu, écrivait-il un jour, me fait des grâces extraordinaires pour supporter mon état, je fais mon purgatoire à peu de frais... Dieu se charge de ma santé, elle est en bonnes mains. Je me contente parfaitement de ce qu'il me donne, et n'en voudrais davantage à aucun prix. J'attends avec ardeur le jour où je pourrai célébrer la sainte messe. Je n'ai pas d'autre désir. »

C'était là en effet la seule épreuve à laquelle il paraissait sensible. Dieu exauça ses vœux et le 25 août, jour de sa fête, il eut la joie de remonter à l'autel et de reprendre peu à peu ses chères occupations. On devine la jubilation des âmes qui, depuis près de quatre mois, gémissaient de son absence. Elles retrouvaient leur père, aussi bon, aussi dévoué qu'aux jours de sa plus brillante santé; mais le progrès réalisé dans l'homme intérieur pendant la période du martyre était si sensible que le respect semblait contenir une affection qui éclatait à chaque pas.

La crise, à peine terminée, semblait prescrire à M. Mellier des ménagements qui peut-être auraient ajourné le dénouement dont tout le monde avait peur. Le zèle de l'apôtre ne sut pas s'épargner, au contraire. Comme s'il avait craint de paraître les mains vides devant le Juge suprême, il voulut ne pas perdre une minute du temps qui lui restait pour composer la gerbe destinée au grenier de l'Éternel. Les catéchismes aux orphelins devinrent l'objet d'une plus grande application.

Il remerciait le ciel de lui avoir ménagé cette chère occupation pour les heures de défaillance. Quand arriva le carême, on eût dit qu'il rajeunissait pour se dépenser avec une sainte profusion. Il donna toute la station aux malades de Sainte-Marie; la chaire, le saint Tribunal et l'autel absorbèrent toutes ses journées, et on ne pouvait sans émotion le contempler, son chapelet à la main, auprès du confessionnal où, à la suite de longues séances, il attendait encore la venue des vieillards et des infirmes qu'attiraient ses instructions et plus encore sa bonté.

Dans le nombre, se trouvait une pauvre idiote à laquelle il souhaitait grandement de procurer le bonheur de la communion. Elle y serait parvenue grâce à la patience du bon prêtre; mais la mort arriva avant la fin de la préparation.

Comme si ce ministère ne suffisait pas à son ardeur, M. Mellier donna au commencement du carême la retraite des sœurs; chaque semaine, il fit une instruction au Carmel; il ne négligea pas nos chers frères, et leur fit régulièrement les petits exercices si propres à entretenir la piété. Ces divers travaux étaient accompagnés de tant de ferveur, qu'on eût dit une voix du ciel éclatant pour la conversion et le salut des âmes; ceux-mêmes qui connaissaient le mieux le pieux missionnaire, trouvaient dans sa parole une chaleur inaccoutumée.

C'est ainsi qu'il arriva à la grande solennité de Pâques, dernière fête qu'il ait célébrée dans le séjour de l'exil. Elle lui réservait de bien douces consolations, après la peine qu'il s'était donnée pour multiplier les conviés de la table des Anges. Une lettre qu'il écrivait le 14 avril énumère les joies diverses qui remplirent son cœur, au milieu des *alleluia* qu'allaient bientôt remplacer les pleurs et les chants funèbres. Avant d'en faire le tableau, reposons les regards du lecteur sur les vertus de M. Mellier.

<hr>

VI

VERTUS DE M. MELLIER

Mais d'abord, sous forme d'introduction à cette partie de notre notice, citons d'un bout à l'autre la lettre d'un digne prêtre d'Angers. Nous avons fait de même en parlant des travaux de notre cher confrère ; il semble en effet que l'éloge prend une autorité nouvelle en tombant d'une bouche étrangère à la Congrégation.

« Angers, 29 mars 1881.

« Connaissant l'amitié bienveillante dont m'honorait M. Mellier, vous me demandez quelques renseignements sur ce cher et vénéré défunt.

« Je ne vous parlerai point de ses œuvres ; bien d'autres pourront vous instruire sur ce sujet, bien mieux que je ne saurais le faire. Je me bornerai à vous dire quelques mots sur ses vertus dont j'ai eu le bonheur d'être souvent témoin, et qui ont laissé dans mon esprit un si doux souvenir.

« Tous ceux qui l'ont connu ont admiré la richesse d'intelligence dont la Providence l'avait doué ; sa conversation, toujours si pleine d'esprit et d'aimables saillies, faisait le charme de ceux qui l'entouraient ; mais ce qui m'a toujours frappé, c'est la sage réserve qu'il savait garder au milieu de ces traits d'esprit, de cette gaieté si franche, si expansive. Ainsi, jamais un mot indiscret, jamais une parole qui marquât l'intention de blesser une personne présente, jamais rien qui pût nuire à la réputation d'un absent ; dans ces faits, dans ces traits qu'il rapportait avec tant d'intérêt pour ses auditeurs, il savait s'arrêter au côté plaisant et ne franchissait jamais les limites de la charité. Cette remarque ne m'est pas personnelle, je l'ai souvent entendu faire autour de moi.

« M. Mellier a eu à souffrir; je l'ai vu victime de procédés peu charitables, rendu responsable d'actes auxquels il était étranger; je ne l'ai jamais vu manifester l'ombre d'un ressentiment, jamais la plus légère plainte, jamais un mot pour se justifier. Sans la moindre affectation, il prenait toujours un air aimable avec ceux qui se montraient injustes à son égard. Si quelquefois un ami indiscret l'amenait sur ce point délicat, il trouvait dans son esprit si vif, si plein de tact, le moyen de cacher et sa charité et son humilité; une plaisanterie fine donnée à propos faisait diversion; l'acte de vertu était pratique, et personne ne s'en doutait.

« Sainte Thérèse disait : Ou souffrir, ou mourir. On pouvait bien mettre sur les lèvres de M. Mellier cette devise de son cœur et de toute sa vie :

« Travailler pour le salut des âmes ou mourir.

« Dieu lui ménage la plus rude des épreuves. Pris d'un mal de jambes, il est obligé de se mettre au lit pour de longs mois, le repos étant le principal et presque l'unique remède. M. Mellier, plein de vie, cloué sur un lit dans l'inaction ! Quel sacrifice pour cette âme ardente, embrasée de zèle ! Tout à coup, il se trouve plongé dans l'isolement le plus complet. Sa modestie si délicate lui fait un devoir d'éloigner de son lit les filles de saint Vincent, ses sœurs en Jésus-Christ.

« Ses confrères, appelés au dehors par les de-

voirs de leur ministère, sont obligés de le laisser
seul. En leur absence, il est privé de la consolation qui tient lieu de tout, de la visite du Maître
qu'il aime tant. Dieu seul sait ce qu'a dû souffrir
son serviteur pendant ce long espace de temps.
Cependant, dans les nombreuses visites que je lui
ai faites, je l'ai toujours trouvé calme, paisible,
gai même. Jamais l'ombre d'une plainte, d'un
murmure, d'un désir. Il ne semblait craindre qu'une
chose, c'est qu'on aperçût et qu'on admirât l'hé-
roïsme de sa résignation. Il aimait à répéter : « Je
« ne m'ennuie pas, je n'ai pas grand mérite ; Dieu
« est si bon, il m'accorde la conformité à sa
« volonté. »

« Dieu semble faire exception à la loi générale
en faveur de ses saints, ils sont rarement surpris.
Dans les premières atteintes du coup qui nous l'a
enlevé si rapidement, M. Mellier reconnut la voix
de Dieu. Aussi mettant de côté toute préoccupation
de soulagement, il veut être administré immédiatement. En l'absence de ses confrères il me fit
appeler auprès de lui. Je le trouvai très souffrant,
mais parfaitement calme, avec une liberté d'esprit
complète. C'était toujours la même force, la même
simplicité, qui faisaient le fond de son caractère.
La foi, la confiance débordaient, mais pas la
moindre émotion ; il recevait les derniers sacrements avec cette paix, ce calme, qu'il portait toujours dans les fonctions sacrées.

« C'était le fidèle serviteur qui a entendu la

voix du divin Maître qui l'appelle ; il se hâte de faire disparaître quelques taches, de revêtir ses habits de fête pour lui être plus agréable en paraissant devant lui. Depuis cette cérémonie, M. Mellier vécut encore quelques jours, entouré de ses confrères qui étaient accourus près de lui.

« Veuillez croire au profond respect avec lequel je suis, en Notre-Seigneur,

« Votre humble serviteur,

« Rondeau,

« *Prêtre-curé de Sainte-Thérèse.* »

Et maintenant, sans nous étendre outre mesure sur le détail des vertus, renfermons les traits les plus saillants sous cette triple division : *Rapports avec Dieu, rapports avec le prochain, abnégation personnelle.*

1° *Rapports avec Dieu.* — Dieu ayant prévenu M. Mellier des bénédictions de sa douceur (1) en le faisant naître de parents sérieusement chrétiens, on ne peut s'étonner que son cœur, par un mouvement instinctif, se soit tourné vers le ciel dès l'âge le plus tendre. Comme la plupart des enfants destinés à l'autel, il se plaisait aux cérémonies de l'église, s'enthousiasmait aux sons de l'orgue, se récréait en faisant des chapelles et dressant de petits autels. Ne dédaignons pas ces préludes ; s'ils ne sont pas des signes infaillibles d'une âme sacer-

---

1. Prævenisti eum benedictionibus dulcedinis (Ps. xx, 4.)

dotale, il est rare qu'ils n'aient pas été le point de départ d'une vraie vocation. Cette piété d'enfant ne va pas tarder à mûrir ; elle deviendra chez le séminariste une dévotion bien caractérisée envers la Mère de Dieu, les saints Anges, saint Joseph, saint Vincent de Paul. Mais la croix surtout et la divine Eucharistie seront l'objet de ses plus chères préférences. Nous avons signalé cet amour pour l'instrument des divines douleurs, et il se compléta depuis, lorsque la sainte passion du Sauveur eut été recommandée aux enfants de saint Vincent comme une dévotion spéciale de la famille. M. Mellier fut un des plus empressés à en faire son œuvre. Avec le consentement de l'autorité diocésaine, il établit dans la maison d'Angers l'archiconfrérie de la sainte Agonie, dont les pieux exercices l'occupèrent jusqu'aux derniers jours de sa vie. Quant au T. S. Sacrement, il en fut de tout temps le fervent adorateur et l'ardent apôtre. Heureux de le visiter fréquemment, il s'en faisait principalement un devoir lorsqu'il entrait dans une maison de missionnaires ou de sœurs, comme aussi, au départ, il déposait sa valise à la porte et allait saluer le Maître de la maison. A l'autel, quand il célébrait ou donnait le salut, son visage profondément recueilli annonçait aux assistants les sentiments de foi qui pénétraient son âme. En chaire, il excellait à parler de la sainte Communion, recommandait de l'acheter au prix de l'immolation et du sacrifice, et engageait fortement à mériter la grâce du saint Viatique par les bonnes dispositions qu'on apporterait aux communions de tous les jours.

Mais voici la grande dévotion du prêtre sérieux : la vie de la foi, qui, en dehors de tout signe et de tout moyen extérieur, va le plonger en Dieu et lui permettre de se baigner dans les flots d'une lumière toute céleste. — *In nomine Domini,* disait à tout moment notre bienheureux Père, comme pour affirmer son union parfaite avec la divine volonté ; *Dieu seul! Jésus seul!* s'écriera souvent le fils de saint Vincent, et en émaillant de ces fleurs du ciel, ses discours et ses lettres, il fait entendre que c'est là sa pensée familière et son inspiration de tous les moments. N'est-ce pas, en effet, le désir de faire régner Dieu humainement qui brisa sa carrière pour le jeter dans l'obscurité, que rien ne semblait devoir compenser? N'est-ce pas Dieu seul qu'il voyait dans les changements où l'a fait passer l'obéissance, Dieu seul qui a fermé sa bouche et étouffé ses plaintes aux heures les plus douloureuses qu'il a traversées, le sourire aux lèvres et la charité au fond du cœur? Mais citons une preuve évidente de son esprit de foi. C'est un missionnaire qui en fait le récit :

« Le missionnaire, d'après nos saintes règles, doit se confesser tous les huit jours. — Si cette règle est douce et consolante, en maison et dans les missions, où plusieurs confrères travaillent ensemble, il n'en est peut-être pas ainsi dans les

occasions où le missionnaire se trouve seul, parce
qu'alors il doit s'adresser à un prêtre étranger.
M. Mellier n'hésitait jamais et se confessait régulièrement, et sans retard, au prêtre chez qui
il travaillait, et s'il n'avait pu le faire ailleurs et
à un autre moment, il le faisait à l'église et en
présence des fidèles. On sait que des missions ont
dû leur succès à cette fidélité.

« Mon Père, me disait, il y a un an, un vénérable doyen, j'ai fréquenté M. Mellier pendant
quinze ans, je le voyais au moins tous les quinze
jours et je suis toujours sorti enchanté de mes entretiens avec lui. Il y a cependant quelques excep-
tions, ajouta-t-il. En telle année je devins curé, et
au carême je demandai le Père Mellier ; il voulut
bien venir, et le temps s'écoulait on ne peut plus
agréablement et pieusement. Mais chaque samedi je
le voyais entrer chez moi à la même heure : « Mon-
« sieur le curé, je viens me confesser, veuillez
« m'entendre. » Ah ! qu'il m'en coûtait d'entendre
ce saint missionnaire, j'en étais humilié, je ne m'en
croyais pas digne.

« En l'absence du curé, il s'adressait au vicaire. L'un d'eux me racontait que s'étant trouvé
embarrassé au début de son ministère, il avait
profité d'une retraite donnée par le Père Mellier
dans la paroisse pour lui demander des renseignements sur certaines questions plus délicates.
Le bon Père s'y prêta volontiers, et chaque jour,
pendant une heure, il se mettait à la disposition

du jeune vicaire. Le jour de son départ M. Mellier vint encore trouver son élève, et comme celui-ci ne savait comment le remercier de sa bonté et des services qu'il lui avait rendus : « C'est bien simple, lui dit M. Mellier. Je vous ai rendu un service, dites-vous : eh bien ! veuillez m'en rendre un, en écoutant ma confession. »

« Ai-je besoin de vous dire que MM. les ecclésiastiques se souviennent de ces faits ! « Mes bons pères, nous disait un de ces vicaires devenu curé, après une mission que nous venions de clôturer dans sa paroisse, je vous ai appelés en souvenir du bon M. Mellier et je suis heureux, après avoir perdu celui que j'aimais comme un père, de trouver en vous des frères et des amis. »

« Ces mêmes observances qui vivifient l'esprit de foi, ont le double avantage de revenir souvent et de sanctifier l'homme intérieur, sans donner prise aux satisfactions de l'amour-propre, très empressé à intervenir dans tous nos progrès. Donnons un pendant à ce trait, et voyons comment M. Mellier savait prouver son amour à Dieu sans recourir à des recherches merveilleuses. La conformité à la volonté divine, c'est la perfection de la charité, surtout quand les dispositions du ciel sont en contradiction avec les vœux de la nature. Actif comme l'était notre confrère, il devait redouter par-dessus tout un mal qui lui laisserait toutes ses ardeurs apostoliques, mais en le condamnant au silence et à l'immobilité. Ce fut justement l'épreuve que Dieu lui réservait. Comment l'a-t-il subie? On nous l'a déjà dit ; mais pas aussi bien qu'il va nous le révéler dans la petite lettre que nous citons (elle est du 16 février 1877).

« Je veux bien essayer de vous écrire quelques
« lignes. Priez pour mon âme, mais laissez souf-
« frir mon vieux corps, qui l'a bien mérité.

« Frictionnez-vous, me dit-on.... Nous verrons
« cela. Mais pour le moment il faut souffrir; il y a
« bonheur et profit à souffrir surtout au commence-
« ment du carême. Il faut laisser le bon Dieu faire.
« Si quand il veut nous faire éviter le purgatoire en
« en voyant quelques souffrances, on répond : Mon
« Dieu je vais bien vite faire disparaître cette dou-
« leur... qui donc profite de cette manière d'agir?

« Ne craignez pas..... Dieu connaît ma fai-
« blesse, il ne m'en enverra pas plus qu'il ne faut.

« J'ai pu ce matin prêcher sur la sainte Couronne
« d'épines à la réunion de la sainte Agonie. La
« poitrine et l'estomac sont bons..... et les chères
« douleurs rhumatismales sont bien bonnes aussi.

« Allons! courage et pratiquons la mortifica-
« tion..... intérieure surtout. Encore une fois,
« priez pour mon âme, mon vieux corps a besoin
« de souffrir.

« Votre toujours bien dévoué en N. S. couronné
« d'épines. »

Tel était le principe du vaillant missionnaire dans ses rapports avec Dieu, l'esprit de foi.
Voyons ses rapports avec le prochain.

2.— Ne blesser personne, se faire tout à tous, se dévouer sans ménagement; en trois mots, voilà la vie de M. Mellier au dehors comme au dedans de la petite Compagnie. La première partie de la proposition rencontrera peut-être quelques contradicteurs. Il y avait dans notre cher confrère une qualité bien aimable la plupart du temps, mais bien délicate et bien périlleuse ; nous voulons parler de la franchise, que M. Mellier possédait dans la perfection.

Cette franchise de notre cher confrère a pu piquer parfois : le savoir-faire de sa charité a toujours su neutraliser la piqûre. En effet une de ses grandes industries était de ne pas dire, de ne pas laisser dire un mot au préjudice d'un absent. Ne pas médire soi-même est difficile, surtout quand on croirait presque à l'obligation de parler dans l'intérêt de la justice et de la vérité. Les plus intimes amis de M. Mellier ont pu constater qu'il fut, sous ce rapport, scrupuleux jusqu'à une sorte d'exagération. Quant à empêcher la médisance, c'est encore un écueil où bien des résolutions se brisent. M. Mellier sut s'en préserver. La raillerie, le mot piquant ne lui eussent jamais fait défaut, et l'entourage n'eût pas manqué de souligner joyeusement ses spirituelles malices. Il usait du droit de récréer, quand il le pouvait sans péril pour la charité fraternelle ; mais pour peu que l'épigramme eût fait saigner l'amour-propre, il s'abstenait, et tout le monde avec lui. Quelquefois,

lorsque dans le cours de la conversation il voyait
que la délicate vertu était menacée de quelque
éclaboussure, aussitôt, sans avoir l'air de faire une
leçon, notre charitable confrère trouvait moyen
de changer aussitôt de sujet, toujours en provo-
quant la bonne humeur et le rire. Dieu était content et les âmes édifiées.

Attentif à ne pas blesser, le bon missionnaire
cherchait à se faire tout à tous comme l'Apôtre.
Son intelligence, sa parole, son cœur ne dédai-
gnaient personne, moins encore les pauvres et les
petits. Il prêchait aux prêtres, nous savons avec
quel succès; mais en descendant de chaire, s'il
rencontrait des enfants, des orphelins, des vieillards, il modifiait aussitôt son ton et leur parlait
comme si toute sa vie il avait été dans ce milieu.

Il ne fallait rien moins que la richesse et la
fécondité de son talent pour obtenir le même succès dans les œuvres les plus disparates. Mais sa
merveilleuse facilité eût peu servi aux âmes si
elle avait eu pour annexe un travers qui dépare la
plupart des hommes bien doués : le culte rapetis-
sant du *moi*. Cet ennemi de la charité, M. Mellier ne le connut jamais. Libre de choisir sa
carrière, il se tourna vers le sacerdoce, parce
qu'il y voyait un champ plus vaste où il pourrait
jeter à pleines mains les trésors dont le Seigneur
l'avait pourvu ; prêtre, il pouvait, en se donnant,
ne pas négliger l'occasion de se faire une place
au milieu du siècle, les éléments de succès ne lui

manquaient pas. Il n'estima que les dons propres
à dilater le royaume de Dieu. Nous l'avons vu, dès
son début, entreprendre à lui seul les œuvres les
plus variées du saint ministère, à la tête d'un personnel d'auxiliaires ; s'il distribue les rôles, il se
réserve toujours le lot le plus fatiguant et le moins
recherché. Son nom commence-t-il à être pro-
noncé dans les hautes régions, il va l'ensevelir
dans l'oubli, pour continuer à se dépenser, sans
espoir d'une terrestre compensation. Membre de
la Congrégation, que veut-il ? quelles seront ses
prétentions ? En assistant à ses premiers essais, on
croit deviner l'homme de l'avenir, prédestiné aux
fonctions les plus brillantes. Lui ne veut que se
perdre dans les rangs de l'armée, travailler comme
le premier venu, ne se distinguer de ses compa-
gnons d'armes que par la quantité de travaux
apostoliques auxquels lui permet de suffire sa
florissante santé. Cette santé n'est pas à lui ; les
petits et les grands, les riches et les enfants du
peuple, les prêtres et les séculiers viendront, tour
à tour ou simultanément, s'en disputer l'usufruit,
et l'homme généreux ne marchandera pas un
instant. Il sait que le prêtre n'est au monde que
pour continuer l'Homme-Dieu. Il mourra donc tous
les jours, comme le divin Modèle, pour amener un
plus grand nombre d'âmes à la connaissance, à
l'amour de Jésus. Citons quelques faits à l'appui
de ces générosités :

M. Mellier jouissait d'une certaine fortune, dont

les pauvres profitaient mieux que lui. Un jour que sa bourse était à sec, il prit ses meilleurs souliers et les donna à un malheureux qu'il voyait dans la détresse. Sa belle-mère, s'en étant aperçue, lui fit remarquer doucement qu'il aurait pu donner une chaussure un peu inférieure. « Je le sais, répondit le bon prêtre, mais elle aurait duré moins de temps, et le pauvre en aurait moins joui. »

Pendant la guerre de 1870, plusieurs séminaristes de Paris vinrent résider à Angers. Pris au dépourvu, aux premiers moments de l'installation, le charitable Supérieur céda son propre lit à l'un de ses hôtes, heureux que son incommodité personnelle pût procurer un peu plus de confortable à ses visiteurs. Tout le temps qu'il les garda chez lui, il les traita avec la tendresse d'un père, se croyant bien récompensé par le plaisir de les voir ne manquer de rien.

Nous avons dit comment, à cette même époque, notre cher confrère bravait la rigueur du froid pour aller de droite et de gauche porter les saintes consolations de la parole et des sacrements. Rien n'arrêtait son dévouement ; sorti de l'ambulance où il avait célébré la sainte messe, il se rendait à la maison de la sœur Bobard, pour que la chère malade et les sœurs de garde ne fussent pas privées de la sainte Communion.

Rien n'était trop petit pour cette grande âme. Les malades de l'hôpital le savaient bien. Quand il était au milieu d'eux, et ce n'était pas rare, on eût dit qu'il trouvait ses délices à s'occuper de leurs besoins spirituels : bien entendu que le corps avait sa part d'attention et que l'intelligent visiteur savait bien mêler l'agréable à l'utile, en leur apportant quelques douceurs qu'on ne refusait jamais.

L'empire qu'il avait acquis par cet infatigable dévouement, lui permettait de leur faire sans façon leur examen de conscience. Chacun de leurs défauts passait sur la sellette pour être vertement tancé. Mais il mettait tant d'amabilité dans la censure, qu'ils se disaient les uns aux autres : « Voilà vraiment un bon prêtre ; il ne nous mâche pas nos vérités ; mais il les dit si bien qu'on ne peut s'en fâcher, et il finit toujours trop tôt. »

Les orphelines, à leur tour, parlaient de leur bon Père avec un enthousiasme que vingt ans d'habitude n'avaient pas épuisé ; aussi, il savait si bien les prendre et les encourager ! Il entrait dans tous les détails de leurs défauts et de leurs qualités d'une manière si compétente et si habile, qu'une d'entre elles lui dit un jour avec une naïveté d'enfant : « On dirait vraiment que vous avez été petite fille ! » Et puis on le savait si disposé à leur épargner les reproches et les punitions, qu'il remplaçait par un mot où l'affection paternelle primait sur la sévérité ! C'est pourquoi il devenait l'entremetteur habituel, quand il fallait obtenir quelque grâce. Une mauvaise tête s'était oubliée au point de quitter la maison. L'orage passé, ne sachant comment se faire pardonner, elle courut frapper à la porte du bon Père, qui fut bienheureux de recueillir la brebis fugitive et de la ramener au bercail.

On devine ce que dut être le dévouement de M. Mellier pour le bien spirituel des âmes qui se mettaient sous sa conduite. Pour elles il eût fait l'impossible et affronté les plus insurmontables difficultés. Son système était d'inspirer à chacun une haute idée de la position où le mettait la volonté divine. Comme il exaltait la vocation d'une Fille de la Charité ! Comme il enseignait bien à de simples enfants à glorifier Dieu par les œuvres les plus vulgaires ! Quant aux prêtres, ceux qui furent ses auditeurs peuvent attester le ton convaincu avec lequel il parlait des ineffables grandeurs du sacerdoce. L'âme en rapport avec le pieux missionnaire sentait que son inspiration et son souffle l'avaient emportée un peu plus haut. Mais s'il se donnait pour Dieu, il exigeait en retour qu'on se donnât, sans prendre conseil des mesquines préoccupations de l'amour-propre. Malheur à qui venait à ses pieds avec des calculs et des mignardises qu'il n'avait pas de peine à éventer ! Une réponse polie, mais d'une froide réserve, apprenait à l'indiscrète visiteuse qu'il fallait chercher ailleurs l'homme des concessions. Au contraire, dès qu'il pouvait constater la droiture et une volonté déterminée d'aller à Dieu par l'immolation, oh ! alors, on pouvait compter sur un dévouement sans limites. Une fois qu'il avait pris une âme sous sa direction, il la suivait constamment d'un regard plein de sollicitude, savait la retrouver à travers les distances et ne cessait d'aplanir tout le long de la route les obstacles dont l'ennemi encombre le chemin du ciel.

3° *Abnégation personnelle.* — Ce que nous venons de dire nous dispense de toute longueur. On a pu voir que l'homme si absorbé par son amour de Dieu, si plein de dévouement pour le corps et l'âme de ses frères, devait n'avoir pour lui-même que le plus profond mépris. C'est la vérité. L'humilité fut une des vertus dont l'acquisition fut de la part de M. Mellier l'objet d'une poursuite continuelle, et Dieu merci ! ceux qui le connurent ont pu s'apercevoir qu'il s'en était bien rapproché. Qu'on nous permette d'en citer deux ou trois preuves frappantes, dont la première se manifeste visiblement dans ce travail. Ce qui intéresse le plus dans une notice, c'est la parole de la personne dont on reproduit la vie. M. Mellier n'a rien fourni à son historien. Pourquoi ? Le voici : Quand parut la notice du vénérable M. Boré, une pieuse carmélite d'Angers, qui avait eu avec M. Mellier une correspondance assez suivie, lui témoigna la crainte qu'on publiât après sa mort des écrits qu'elle aimait mieux voir ensevelis dans le silence. Ce fut un trait de lumière pour son humilité. Quelques jours après il écrivait à sa fille spirituelle de se tenir tranquille ; la flamme avait dé-

voré non seulement les lettres qu'elle réclamait,
mais tous les écrits qui en édifiant ses frères auraient pu donner de leur auteur une trop avan-
tageuse idée.

La seconde preuve est le récit d'un fait que nous
devons à la révélation d'un jeune missionnaire;
nous le laissons parler :

« M. Boré venait d'être nommé Supérieur général. C'était le 11 septembre, et le 19 du même
mois, une dizaine d'étudiants de Saint-Lazare pre-
naient part à une ordination faite par notre vénéré
confrère Mgr Guyerry, vicaire apostolique du Tché-
Kiang. J'étais du nombre. Selon l'habitude, nous
nous rendîmes le lendemain chez M. le Supérieur
général et chez Messieurs les Assistants pour les
remercier et leur faire part de notre bonheur.
M. Mellier ne fut pas oublié ; nous connaissions
trop bien son dévouement pour tous pendant son
vicariat général ; et quoiqu'il ne fût plus rien dans
l'administration, il gardait une très grande place
dans notre estime, notre reconnaissance et notre
affection. Nous frappons à sa porte, il faisait ses
malles. Nous lui disons le but de notre visite :
« Vous vous trompez, Messieurs, ce n'est pas chez
« moi qu'il faut venir, je ne suis rien et n'ai plus
« de conseils à vous donner. — Mais vous pouvez
« encore nous bénir et nous tenons beaucoup à
« votre bénédiction, dit l'un de nous. — Non,
« Messieurs, je ne dois pas vous bénir, mais l'un
« de vous peut le faire. Quel est celui d'entre vous

« qui a été ordonné prêtre? » Le confrère promu
à la prêtrise s'avance et fléchit déjà le genou pour
recevoir la bénédiction de M. Mellier ; mais celui-
ci le relève en le prenant par la main, et se mettant lui-même à genoux, aux pieds du jeune confrère tout étonné et tout stupéfait de tant d'humilité
et de tant de foi dans ce vénérable vieillard : « Je
« ne me relèverai qu'après avoir reçu votre béné-
« diction. »

Il fallut bien s'exécuter, et le jeune prêtre,
qui était venu avec nous pour être béni, dut donner
sa bénédiction à celui qui devait nous bénir tous.

« Merci bien, Messieurs, de l'honneur que vous
« m'avez fait, nous dit le bon Père en se relevant.
« Je voudrais pouvoir vous donner une image,
« mais elles sont au fond de ma malle. Dans un
« quart d'heure, je pars. Je vais prêcher une re-
« traite, et la bénédiction que je viens de recevoir
« me portera bonheur. Je suis content. »

« Et nous sortîmes silencieux, mais non sans
nous regarder les uns les autres. »

Empruntons un dernier témoignage d'humilité
à la plume du héros de notre notice. Nous avons
dit que le feu avait consumé toutes ses pensées
édifiantes. En voici une qui a survécu à l'incendie.
C'est une lettre destinée à être remise au lendemain
de sa mort à M. le Supérieur général de la Mission.
Elle dit bien les sentiments qu'avait pour lui-
même notre digne confrère.

« Monsieur et très honoré Père,

« Quand cette lettre vous sera remise, je serai devant Dieu, dans mon éternité !

« Je me recommande à vos ferventes prières et à celles des deux familles de saint Vincent.

« Je demande pardon bien humblement de toutes les fautes que j'ai commises et de tous les scandales que j'ai pu donner.

« Je m'estimerai toujours heureux, et je resterai éternellement reconnaissant d'avoir été si charitablement reçu dans la petite Compagnie de la Mission.

« Si, comme je l'espère, Dieu veut bien me recevoir dans sa miséricorde, je prierai beaucoup au ciel pour les deux familles de saint Vincent et pour son digne et vénéré successeur.

« 31 mai 1876. »

Fermons là-dessus le chapitre des vertus, qu'on pourrait prolonger encore, et assistons aux dernières luttes de cette belle vie.

Le dimanche de Quasimodo, M. Mellier, qui avait prêché le matin aux vieillards de l'hospice et le soir aux Enfants de Marie, se rendit ensuite à l'ouvroir de la Trinité pour le catéchisme de persévérance. Comme il lui fallut attendre quelques moments les orphelines sorties en promenade, les sœurs crurent remarquer une certaine oppression et une toux assez fréquente, qu'on essaya de soulager par une potion. Les enfants continuant à s'attarder, il partit, éprouva en route un malaise qui lui fit craindre de défaillir avant le terme. Il arriva pourtant, mais péniblement, à la maison de la Mission ; mais à peine entré il fut frappé d'une congestion pulmonaire qui lui ôta la parole et la respiration. On n'eut que le temps de le faire entrer au parloir où on l'assit sur un fauteuil, et en toute hâte on alla chercher un médecin et le curé de Sainte-Thérèse, dont nous connaissons la touchante amitié.

M. Mellier demanda l'extrême-onction, qu'il reçut avec le plus grand calme. Averties du malheur qui les atteignait dans la personne de leur Père, les sœurs accoururent en toute hâte et purent le voir dans l'infirmerie provisoire où on l'avait déposé. Il les reçut avec un sourire aux lèvres, mais sans pouvoir parler.

Un télégramme expédié à Paris amène, dès le lendemain matin, un confrère dont la présence était bien faite pour le consoler : c'était son ange du séminaire, avec lequel il n'avait pas cessé d'entretenir les plus affectueuses relations. On put croire un instant que le danger avait disparu, et le malade lui-même écrivait le 24 avril : « Dimanche dernier, après avoir été plusieurs fois en prédication, sans aucune fatigue, j'ai été pris d'un catharre suffocant. J'ai vu la mort de bien près, on

m'a donné l'extrême-onction et l'indulgence plé -
nière.....

« A la sainte volonté de Dieu ! »

Le mieux se maintient pendant quelques jours ;
mais le soir du dimanche de la Translation, à huit
heures, une seconde crise a lieu ; on la conjure
encore ; toutefois le docteur exige que M. Mellier
monte à sa chambre pour diminuer le nombre des
visiteurs.

A la nouvelle de la rechute, M. Laurent ac-
court de Paris, et s'installe auprès de notre cher
confrère pour ne plus le quitter ; malgré un calme
relatif, celui-ci s'attend à la mort. On crut effectivement qu'elle arrivait dans l'après-midi du premier mai. M. Dienne rentrait de mission. Sur la
demande du malade, il consentit à réciter les prières
des agonisants. Tout le monde pleurait ; seul, le
visage de M. Mellier conservait, au milieu d'une
persistante oppression, un calme précurseur des
joies du ciel. Quand les prières furent terminées,
il demanda pardon à tous et les bénit. On lui demanda une bénédiction pour les Filles de la Charité
et pour leurs enfants : « Oui, dit-il, je les bénis
toutes, toutes, et je ne les oublierai pas au ciel ! »

La douleur ayant un peu diminué, M. Laurent
lui proposa de recevoir le saint Viatique, ce qu'il
accepta avec reconnaissance. Il se confessa d'abord ;
après quoi il demanda un peu de temps pour
se préparer à la dernière visite de son divin Maître,
qu'il reçut avec une ferveur séraphique, et demeura

ensuite plongé dans une sorte de ravissement que l'on craignait de troubler.

La nuit suivante, la journée du 2 mai et l'autre nuit se passèrent au milieu de transes continuelles. Chaque crise passagère semblait annoncer le dernier instant. Le matin du 3 mai, il y eut quelque peu d'apaisement. M. Laurent s'étant proposé de demeurer à ses côtés, comme il y avait, ce jour-là, à la cathédrale un service chanté pour l'anniversaire de M. Boré, le malade engagea son confrère à répondre aux invitations de la famille et à s'y rendre comme représentant de la communauté. Ils ne devaient plus se revoir. Vers les onze heures, l'infirmier qui veillait auprès du lit le voit s'agiter avec inquiétude, comme il arrive dans la crise suprême. M. Dienne, qui rentrait à l'instant, prononce une fois encore la formule de l'absolution sur cette tête vénérable. Tout était consommé ; le fils de saint Vincent allait rejoindre son père et terminer au ciel l'Octave de la Translation de son bienheureux corps.

On remarquera le concours de circonstances mémorables qui entourent ce trépas du serviteur de Dieu. Outre celle que nous venons de signaler, il meurt un samedi du mois de mai, dans la fête de la Sainte-Croix, et la veille du Patronage de saint Joseph. Or, nous avons eu lieu de faire observer que le digne défunt avait la plupart de ses anniversaires au mois de mai. Toute sa vie il eut la plus tendre dévotion pour la Vierge Immaculée, et il disait souvent que son premier sermon, avant d'être prêtre, avait été sur la très sainte Vierge dans un exercice du mois de Marie.

Saint Joseph et saint Vincent étaient les protecteurs qu'il invoquait en toute rencontre. Quant à la sainte Croix, nous la trouvons mêlée avec tous les souvenirs de sa vie : son baptême, sa première communion et sa confirmation ont eu pour théâtre l'église de Sainte-Croix.

Installé à Pithiviers le 14 septembre, c'est ce jour même qu'il en part quelques années après. Sa première entrée à Angers a lieu à la fête de la Croix en 1860. Il y rentre à la même date, en 1874. Il est vraiment l'enfant de la Croix, qu'il a du reste portée sa vie entière avec une vaillance toute chrétienne. A nul autre on ne saurait mieux appliquer cette parole de l'*Imitation* par laquelle nous terminerons cette édifiante notice : *Si libenter crucem portas, portabit te et ducet ad desideratum finem, ubi scilicet finis patiendi erit, quamvis hic non erit.* (L. II, c. XII, v. 5.)

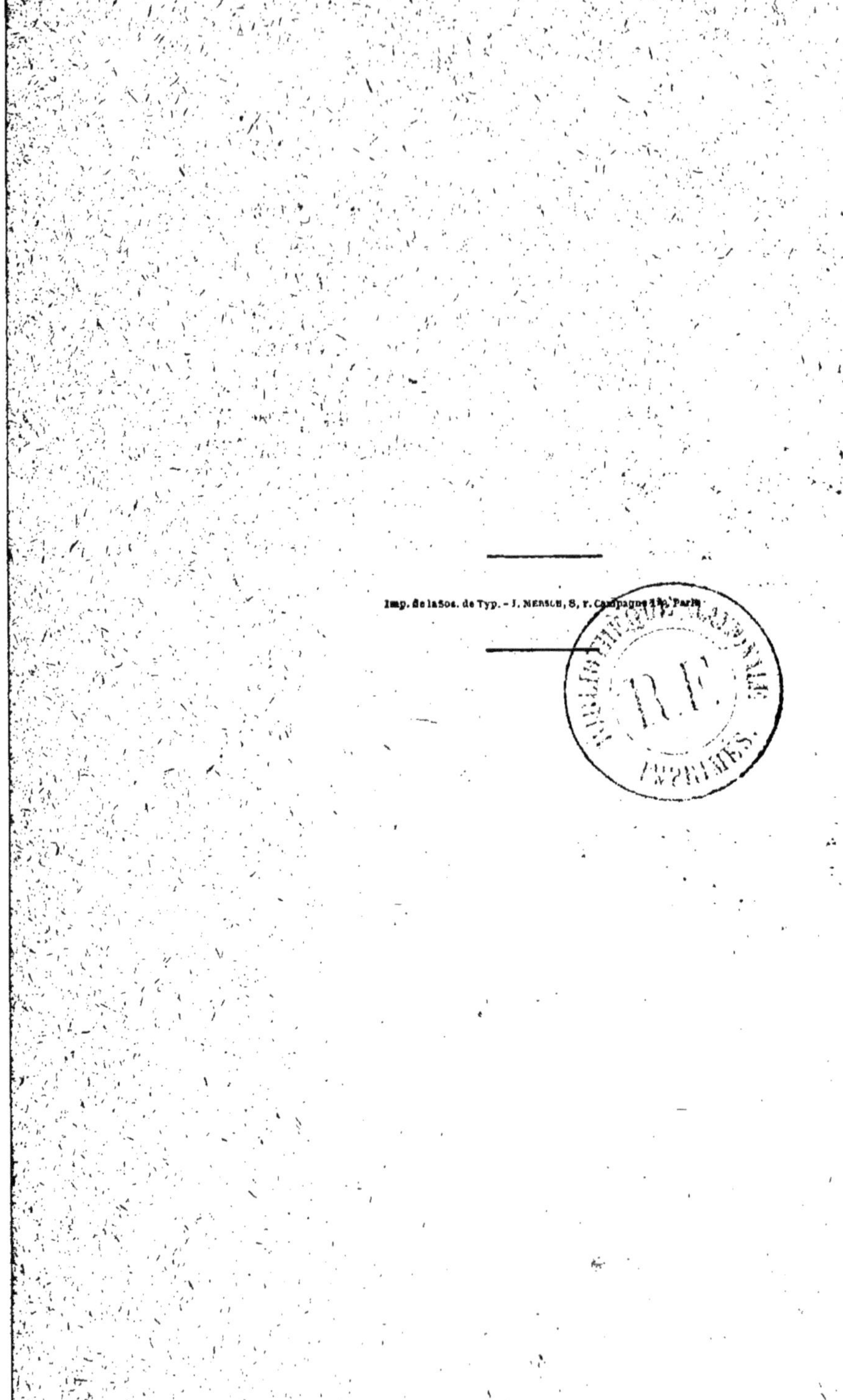

Imp. de la Soc. de Typ. — J. MERSCH, 8, r. Campagne 1re, Paris